エフェクチュエーション

優れた起業家が実践する「5つの原則」

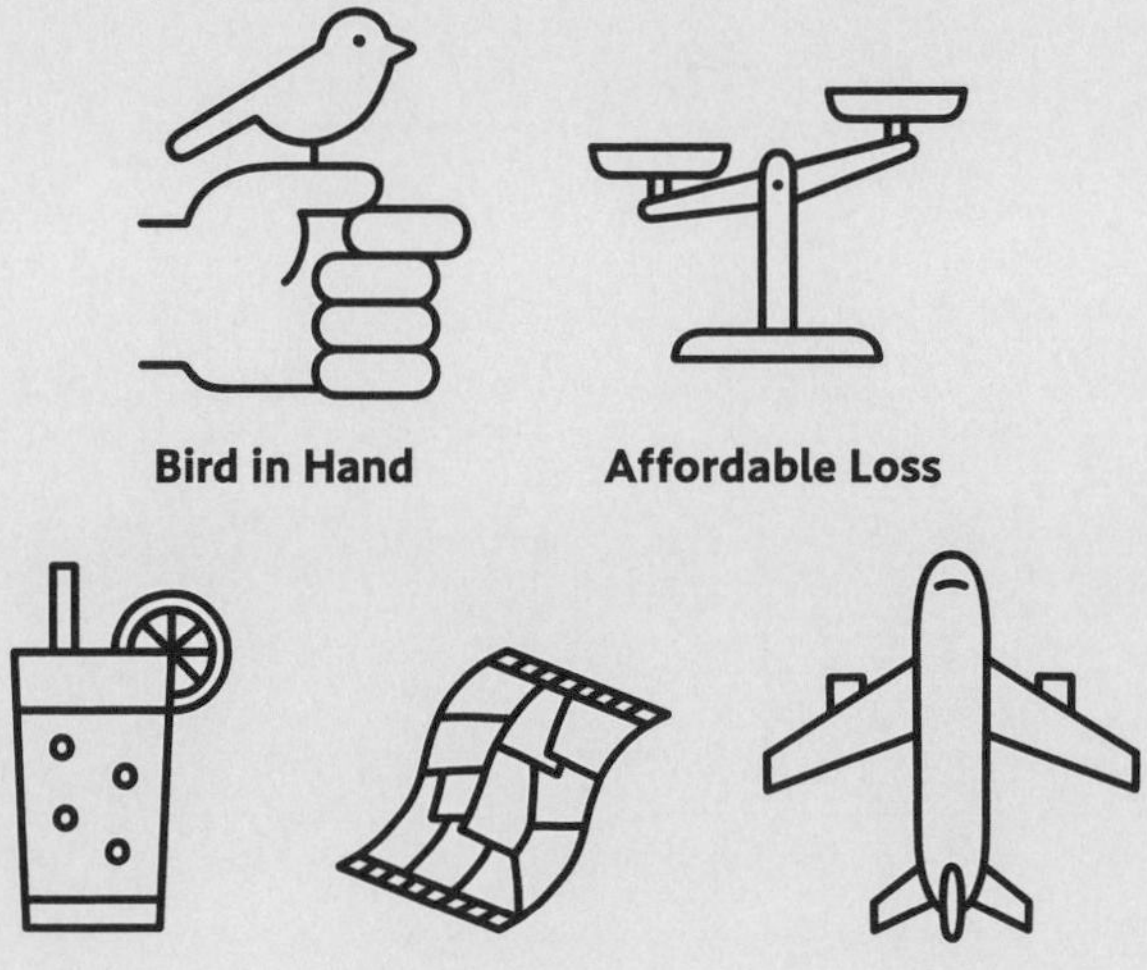

神戸大学大学院准教授　サイボウズ執行役員／複業家
吉田満梨・中村龍太

ダイヤモンド社

はじめに

本書は、不確実性の高い状況における意思決定の一般理論として、近年注目されている「エフェクチュエーション」の入門書です。

エフェクチュエーションは、サラス・サラスバシー教授（ヴァージニア大学ダーデンスクール）が、カーネギーメロン大学の博士課程在学中に、ノーベル経済学賞受賞者のハーバート・サイモン教授の指導のもと実施した研究から発見されました。彼女は、新しい市場や産業の創造という、極めて不確実性の高い問題に繰り返し対処してきた熟達した起業家を対象に意思決定実験を行い、彼らが共通して活用する思考様式を見い出したのです。

２００１年に、経営学分野で最高峰の学術雑誌『アカデミー・オブ・マネジメントレビュー』上で最初の論文が発表されて以来、エフェクチュエーションは、アントレプレナーシップや価値創造に関わる分野を中心に、幅広い領域に大きなインパクトを与えてきました。提唱者のサラスバシーは、その研究の卓越性と影響力を賞され、2022年に世界的なアントレプレナーシップ研究の賞と10万ユーロの賞金も授与されています。[※1]

エフェクチュエーションの大きな特徴は、従来の経営学が重視してきた「予測」ではなく、「コントロール」によって、不確実性に対処する思考様式であることです。そのため、たとえば、既存の顧客ニーズを前提にできない製品・サービスの事業化、最適なアプローチを定義することが困難な課題解決など、高い不確実性を伴うがゆえに、予測に基づく意思決定では合理的と見なされないような取り組みの推進にも、適用することができます。

日本では、2015年にサラスバシー教授の著書の翻訳『エフェクチュエーション：市場創造の実効理論』（碩学舎）が刊行され、とりわけここ数年でその認知度は急速に高まっています。その背景には、2020年以降のコロナ禍を含む社会・経済環境の大きな変化をきっかけに、私たちが直面する多くの問題が、従来の予測合理的なアプローチでは対処困難であるという認識が高まっている現状があると思います。そうした問題に対しても、エフェクチュエーションは、有効な行動指針を提供してくれます。

新市場創造プロセスに関心を持つマーケティング研究者であった私自身は、２００９年にエフェクチュエーションの論文と出会い、新たな市場形成を説明する、極めて妥当性の高い理論であると感じました。そして前掲の書籍の翻訳に関わった後、関西学院大学、京都大学、神戸大学をはじめとするビジネススクールや、さまざまな企業等の講演・セミナーなどの場で、エフェクチュエーションをお伝えする機会に恵まれてきました。

サラスバシー教授の前掲書は学術書であるため、一般ビジネス書のような読みやすさはないものの、エフェクチュエーションの発見に至った実験の内容や理論的背景を含む詳細を理解できるため、関心のある方にはぜひ読んでいただきたいと考えています。一方で、学術書を読むことはハードルが高いと感じる人や、理論的な関心ではなく実践に活かす目的でエフェクチュエーションを知りたいと考える人も、少なからずいることも認識するようになりました。

※1　Global Award for Entrepreneurship Research（https://www.e-award.org/winner-2022/）２０２２年9月20日閲覧。

そうした経緯から、日本におけるエフェクチュエーションの入門書として企画されたのが、本書です。本書は、幅広い読み手に対して、「エフェクチュエーションとは何か」をできるだけわかりやすくお伝えすることを意図していますが、とりわけ次のような方々にとって、エフェクチュエーションを知る入口となれれば、大変うれしく思います。

第一に、スタートアップや既存企業で、新規事業開発や市場創造、イノベーション創出など、極めて高い不確実性を伴う問題に取り組んでいる方々です。エフェクチュエーションの思考様式は、予測に基づく合理的な意思決定では対処しきれない課題に直面した際に、新たな道筋を示してくれることと思います。また、そうした方々のなかには、これまでの試行錯誤の経験のなかで、理論は知らなくともすでにエフェクチュエーションを実践されている方もいると考えています。そういったエフェクチュエーションの実践者(エフェクチュエーター)にとっても、ご自身の実践を振り返り、体系的に整理する助けになることを期待しています。

第二に、起業家やイノベーターのように、新たな価値を創造する人々への憧れはあっても、自分にはできないと感じて、なかなか行動に踏み出せずにいる方々です。なかには、過去の志あるチャレンジが頓挫してしまった経験を持つ方もいるかもしれません。

しかし本書を通じて、新たな価値を創造することは、特別な人にしかできない仕事では決してなく、誰もがエフェクチュエーションの実践を通じて、現実をよりよく変えていける可能性があることを、実感いただく助けになればと考えています。

第三に、エフェクチュエーションの学習・教育に何らかの関心を持つ方々です。本書の第1章から第8章までの内容は、私自身がエフェクチュエーションの教育に関わらせていただいた7年ほどの試行錯誤から作成した講義内容を、文章化したものでもあります。授業では、後述のようにアクティブ・ラーニングを重視しながら、サラスバシー教授の前掲書、海外で広く活用される教科書『Effectual Entrepreneurship』、エフェクチュエーションに関する学術論文の動向を踏まえて、そのエッセンスを講義でお伝えすることに努力してきました。いまだ改善の余地は多くありますが、エフェクチュエーションを自ら学びたい方、誰かに伝えたい方のいずれにも、参考にしていただける内容があれば幸いです。

エフェクチュエーションは、誰もが学習可能な意思決定の理論です。本書で初めてエフェクチュエーションを知ったという方も、その思考様式を身につけることは可能です。その際に、学習を促すポイントが少なくとも2つあると感じています。

１つは、エフェクチュエーションが、実践を伴うことで初めて深く理解できる思考様式であることです。それは、自転車の乗り方や楽器の演奏の習得に似て、もし座学だけで概念的にのみ理解しようとすれば、自転車に跨ったり楽器に触ったりすることなく理論だけを学ぶようなもので、限定的な学習になってしまう恐れがあります。

そのためビジネススクールの授業でも、一人ひとりの受講生がエフェクチュエーションの思考様式を実際に活用して、自らの不確実性を伴うチャレンジを前に進めてもらう、アクティブ・ラーニング形式を前提としています。また、エフェクチュエーションの適用領域はビジネス領域に留まらず、不確実性を伴うあらゆる創造プロセスでも活用できますので、本書を読まれた皆様も、趣味やプライベートを含む日々の実践のなかでエフェクチュエーションの思考様式を活用し、ぜひ理解を深めていただけたらと考えています。

もう１つのポイントは、身近にエフェクチュエーションの実践者（エフェクチュエーター）の先達を見つけることです。先述の通り、エフェクチュエーションという言葉を知らずにその思考様式を実践している人々は、世の中に一定割合存在しています。そうしたエフェクチュエーターの具体的な実践を知ることは、エフェクチュエーションを構成する思考様式や、その全体プロセスについての理解を深めるうえで、大きな助けになると考えています。

そのため授業では、講義でできるだけ多くの事例を取り上げるだけでなく、受講者自身のエフェクチュエーションの実践を共有してもらったり、実践者をゲスト講師として招いたり、といった工夫をしています。本書の第9章・第10章を執筆されている中村龍太さんも、私のビジネススクールの授業でゲスト講義をしていただいたエフェクチュエーターです。その経験から、多くの気づきを得ていただけることと思います。

もともとが研究者である私自身は、エフェクチュエーションの研究・教育を始めた当初、理論を説明することはできても、構成する5つの思考様式とそれらの組み合わせの重要性について、本質的な理解には至っていませんでした。しかし、ビジネススクールやセミナーを受講・支援いただいた方々、日本でのエフェクチュエーションの普及を進めてくださった方々、産業界やさまざまな領域で新たな価値創造に取り組んでいるエフェクチュエーターの方々、そしてサラスバシー教授本人との対話を通じて、私自身の手持ちの手段（私は誰か・何を知っているか・誰を知っているか）は拡張され、想像もしていなかった新たな可能性が開かれるという経験を繰り返してきました。

つまり、エフェクチュエーションの研究・教育実践を通じて、私自身がまさにエフェクチュエーションのプロセスを体験してきたと感じています。本書は、そうしたパートナーの方々のコミットメントによって紡ぎ出された、エフェクチュエーションのプロセスの成果の1つです。そして、本書の事例として取り上げることはできませんでしたが、これまでにエフェクチュエーションを学ばれた多くの方々も、現在おのおのの領域で、従来存在しなかった新たな価値を創る、素晴らしいエフェクチュエーションの実践を生み出されています。本書を手に取ってくださったあなた自身もまた、エフェクチュエーションという思考様式に基づき、自分にとっての〝イノベーション〟と呼べるような意味のある実践に向かって、一歩を歩み始められることを心から願っています。

2023年7月

吉田　満梨

エフェクチュエーション　目次

第1章 エフェクチュエーションとは何か

第2章 手中の鳥の原則

第3章 許容可能な損失の原則

第4章 レモネードの原則

第5章 クレイジーキルトの原則

第6章 パートナー獲得のための行動：問いかけ(asking)

第7章 飛行機のパイロットの原則

第8章 エフェクチュエーションの全体プロセス

第9章 フリーランスとしてのエフェクチュエーション

第10章 企業でのエフェクチュエーションマネジメント

第1章

エフェクチュエーションとは何か

サラスバシーによる熟達した起業家に対する意思決定実験

「エフェクチュエーション」とは何かを一言でいうならば、それは「熟達した起業家に対する意思決定実験から発見された、高い不確実性に対して予測ではなくコントロールによって対処する思考様式」です。

エフェクチュエーションを発見し、提唱したのは、現在米国のヴァージニア大学ダーデンスクールで、アントレプレナーシップの教授を務めるサラス・サラスバシーという経営学者です。彼女は、カーネギーメロン大学の博士課程在学中に、熟達した起業家と呼びうる人々に対する意思決定実験を実施しました。その対象は、米国の成功した起業家リストの掲載者で、「個人・チームを問わず、1社以上を起業し、創業者としてフルタイムで10年以上働き、最低でも1社以上を株式公開した人物」でした。[※1]

実験では、調査対象者に、仮想の製品を取り扱う新会社を設立する状況設定を与え、その際に起業家が直面する10の典型的な問題についての意思決定を求めました。また、その意思決定をする際に頭に思い浮かんだ言葉を継続的に発してもらうよう依頼し、その「発話プロトコルデータ」を録音したうえで書き起こしたものが分析されました。[※2] 最終的にデータが分析された27名の調査対象者は、いずれも3つ以上のベンチャーの起業経験のある連続起業家の男性でしたが、彼らの居住地、経験、業界は多様で、また意思決定の結果もさまざまでした。同じ架空の製品からスタートしたにもかかわらず、調査対象者は最終的に18ものまったく異なる市場の定義に至ったのです。[※3]

一方で、発見されたのは、彼らの意思決定における明確なパターンの存在でした。つまり、それまで存在しない製品を事業化するという、きわめて不確実性の高い問題に対して、経験ある起業家は共通の論理を好んで活用していたのです。その論理は、具体的には5つの特徴的なヒューリスティクス（経験則）であり、それらは総体として「エフェクチュエーション」と名付けられました。

起業家的方法の発見

エフェクチュエーションが一体どのような論理であるかは、本書を通して詳しくご理

※1　Sarasvathy (2008), 邦訳 pp.27-29.
※2　Sarasvathy (2008), 邦訳 p.30.
※3　Sarasvathy (2008), 邦訳 p.48.

解いただけると思います。その前に、この発見がもたらしたインパクトをもう少し確認しておきましょう。

この発見は、大きく2つの意義を持つものでした。1つは、新たな事業や企業、市場を作り出す起業家による偉大な成果というのは、彼らの特性や資質によるものではないことを明らかにしたという意義です。世の中の起業家と呼ばれる人々の成功は、彼らが特別な人々である（たとえば遺伝的特性や特別な性格、資源を持っていたが）ゆえに実現されたわけではなく、問題解決のために共通の論理・思考プロセスを活用した結果であることを、実験結果は示唆するものでした。つまり、その論理はどのような人々にとっても、学習可能なものであることが主張されたのです。実際に、エフェクチュエーションの発見以降、その考え方は世界中のビジネス教育に導入され、各地でアントレプレナーシップに基づく多様な成果を生み出しています。

もう1つは、エフェクチュエーションの発見が、不確実性への対処において、私たちの慣れ親しんだ予測合理性とは異なる、代替的なアプローチの有効性を提示するものであったことです。ビジネスのさまざまな意思決定には、成功するかどうかを事前には正確に予測できない不確実性が伴いますが、これまでの経営学では、こうした不確実性への対処に共通する基本的方針として、「追加的な情報を収集・分析することによって、不確実性を削減させる」ことが目指されてきました。[※4] それゆえ私たちは一般に、不確実な取り組みに際しては、まず行動を起こす前にできる限り詳しく環境を分析し、最適な計画を立てることを重視します。目的（たとえば、新事業の成功）に対する正しい要因（成功するための最適な計画）を追求しようとする、こうした私たちの思考様式を、サラスバシーは、「コーゼーション（causation：因果論）」と呼びます。しかし、意思決定実験の結果は、高い不確実性への対処において熟達した起業家が、必ずしも予測可能性を重視するコーゼーションを用いておらず、対照的に、コントロール可能性を重視する代替的な意思決定のパターンがみられることを示すものでした。

これまでの経営学が重視してきたコーゼーション（因果論）

目的に対して最適な手段を追求するコーゼーションのプロセスでは、スタート時点で具体的な目的、すなわちターゲットとする市場機会（ビジネスチャンス）が特定されている必要があります。そのうえで、顧客のニーズや、競合する企業や製品・サービスに

※4　Galbraith（1973）, Tushman and Nadler（1978）などを参照。

コーゼーションのプロセス

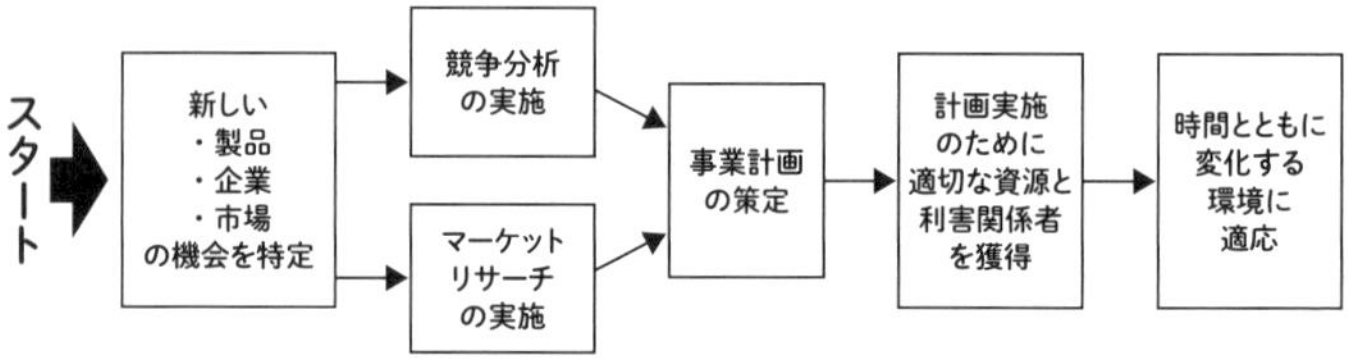

（出所：Readら2009をもとに筆者作成）

ついて分析をするために、体系的なマーケティング・リサーチが実施され、それをもとに期待利益（どれくらいのリターンが期待できそうか、また成功確率はどれくらいか）を予測して、できるだけ正しい戦略計画を策定することが重視されます。最適な計画・戦略が策定できれば、それを実行するために必要な資源を調達・配分して、計画通りに実行することで当初の目標を達成することが目指されます（図参照）。

コーゼーションは、予測に基づいて機会を特定したうえで、成功する見込みの高いプロジェクトに効率的に経営資源を配分することが可能な、合理的なアプローチです。その重要性は、今日までの経営学、ならびにビジネス実践において広く浸透しています。たとえば、新製品開発プロセスにおける複数のステージを区別し、「ゲート」と呼ばれるチェックポイントで各ステージの品質を評価することで、質の悪いプロジェクトを早い段階で排除しつつ、貴重な資源を有効なプロジェクトに集中する「ステージゲート・システム」[※5]や、潜在顧客や競合の状態をさまざまなデータやマーケティング・リサーチを用いて理解しながら、適切なセグメンテーション・ターゲティング・ポジショニング（STPとも呼ばれます）を設計するマーケティング戦略構築の中核的なステップ[※6]も、コーゼーションの考え方を前提としているといえるでしょう。

ただし、それが有効であるのは、企業にとって当初から目的が明確であり、また環境が分析に基づいて予測可能な場合に限られることには注意が必要です。一方で、従来存在しなかった事業や市場が新たに創造されるような場合には、着手する時点で目的と機会が明確に見えているとは限りません。また限られた資源しか持たない起業家にとっては、仮に明確な目的が見えていても、資源を調達できない限り機会は実現できないこと

※5 Cooper (1990).
※6 Kotler & Keller (2016).

になります。つまり、環境の不確実性が高い場合や活用できる資源に制約がある場合に、コーゼーションのアプローチではすぐに行き詰ってしまうのです。

エフェクチュエーションの5つの原則

それでは、いまだ存在しない市場のように、コーゼーションではアプローチできない高い不確実性に対して、調査対象者の熟達した起業家はどのような意思決定を行っていたのでしょうか。彼らが不確実性に対処するうえで用いる意思決定の論理は、目的ではなく一組の手段を所与とし、それを活用して生み出すことのできる効果（effect）を重視するという特徴があったことから、「エフェクチュエーション（effectuation：実効理論）」と名付けられました。具体的には、5つの思考様式が特定されていますので、その意思決定のプロセスに沿って特徴を確認していきましょう（次ページ図参照）。それぞれの思考様式には、少し変わった名前が付けられていますが、その意味については後の章で確認していきたいと思います。

まず、熟達した起業家には、最初から市場機会や明確な目的が見えなくとも、彼がすでに持っている「手持ちの手段（資源）」を活用することで、「何ができるか」というア

エフェクチュエーションのプロセス

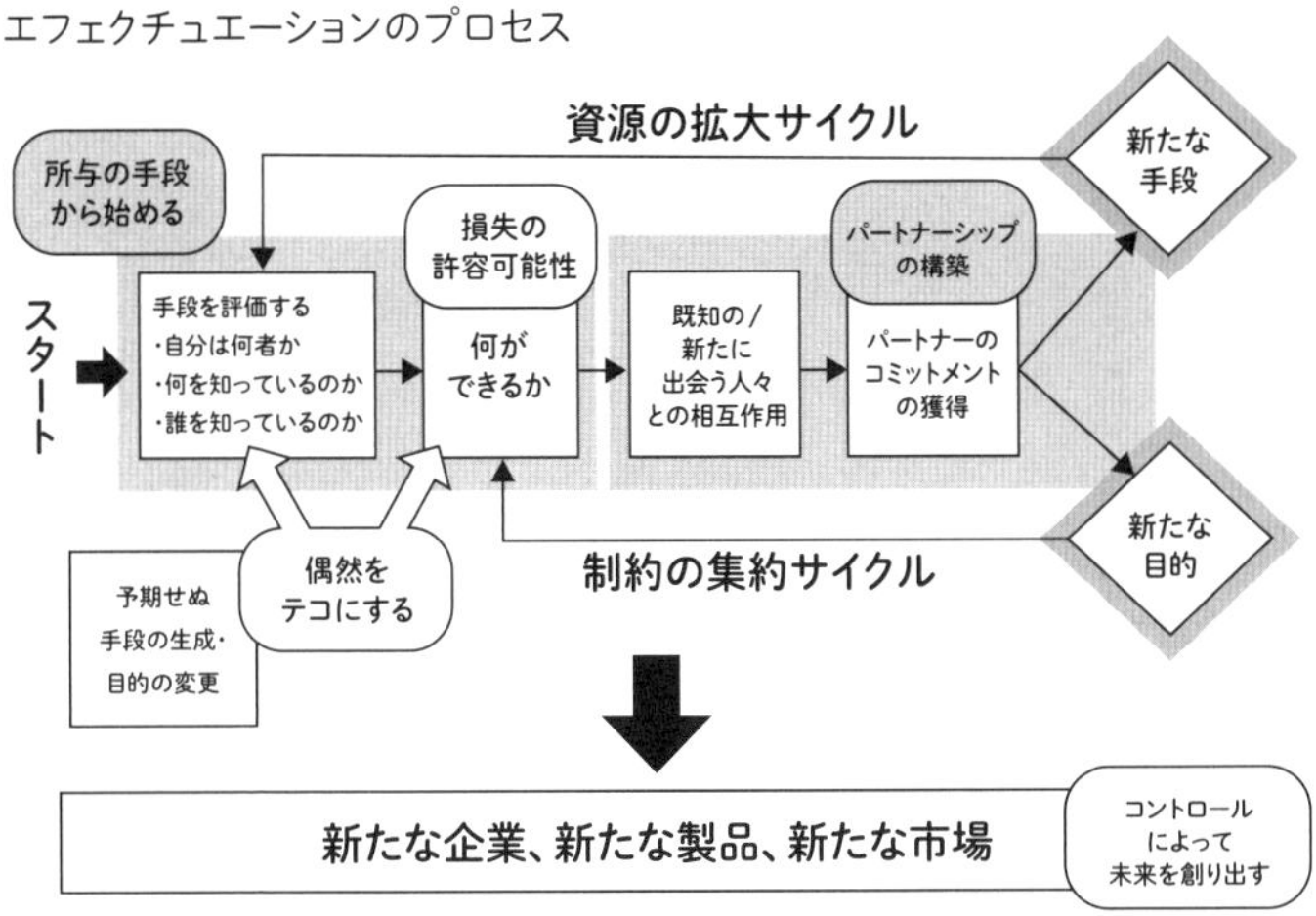

（出所：Read ら 2009をもとに筆者作成）

イデアを発想する、という意思決定のパターンが見られました。このように「目的主導（goal-driven）」ではなく「手段主導（means-driven）」で何ができるかを発想し着手する思考様式は、「手中の鳥（bird-in-hand）の原則」と呼ばれます。

次に、「何ができるか」のアイデアを実行に移す段階では、期待できるリターンの大きさ（期待利益）ではなく、逆にうまくいかなかった場合のダウンサイドのリスクを考慮して、その際に起きうる損失が許容できるかという基準でコミットメントが行われます。これは「許容可能な損失（affordable loss）の原則」と呼ばれます。

これらの考え方を用いて、熟達した起

業家は結果がまったく不確実であったとしても、「何ができるか」についての具体的なアイデアを生み出し、行動に移すことが可能になります。その際、コーゼーションの発想であれば、事前に誰が顧客で誰が競合かを識別し、市場の機会や脅威を予測しようとしますが、エフェクチュエーションの発想で行動する熟達した起業家は、むしろコミットメントを提供してくれる可能性のある、あらゆるステークホルダーとパートナーシップの構築を模索する傾向がありました。これは、「クレイジーキルト（crazy-quilt）の原則」と呼ばれます。

相互作用の結果として、パートナーのコミットメントが獲得されると、起業家の活動には、参画したパートナーがもたらす「新たな手段」が加わるため、プロセスの出発点であった「手持ちの手段（資源）」が拡張され、もう一度パートナーとともに「何ができるか」を問うことになります。前頁の図でいえば、上側のフィードバックループに従ってサイクルが回ることを意味します。このように、行動の結果として構築されるパートナーシップを組み込みながら、エフェクチュエーションのプロセスは拡大しつつ何度も繰り返されることになります。さらに、パートナーがもたらすものは彼らが持つ「手段」だけではなく、新たな「目的」ももたらすことが考えられます。したがって、前ページの図の下側のフィードバックループのように、パートナーが持ち込む新たな目的もまた、「何ができるか」の方向性に影響を与え、行動を改めて定義しながら、プロセスが繰り返されるのです。

このように、予期せずしてパートナーからもたらされた手段や目的を受け入れ、それを積極的に活用しようとする姿勢は、偶然をテコとして活用しようとする「レモネード(lemonade)の原則」とも関係しています。熟達した起業家は、偶然手にしてしまったもの、もたらされたものを受け入れたうえで、それを自らの「手持ちの手段(資源)」の拡張機会としてポジティブにリフレーミングする傾向がありました。たとえば失敗や思った通りに進まない現実も学習機会と捉え、新たな行動を生み出すために活用しようとするのです。

以上のエフェクチュエーションのプロセスでは、未来の結果に関する「予測」をまったく必要としないことがわかるでしょう。結果が予測できない高い不確実性のなかでも、起業家は自らがコントロール可能な活動に集中し、このプロセスを回し続けることによって、彼自身ですら最初には思いもしなかったような新しい製品・事業・市場の可能性に至るのです。このように、高い不確実性に対処するうえで熟達した起業家は、最適なアプローチを事前に予測しようと努力するかわりに、自分自身がコントロール可能な要素に行動を集中させることによって、予測ではなくコントロールによって望ましい結果

エフェクチュエーションの５つの原則

手中の鳥
(Bird in Hand)**の原則**

「目的主導」ではなく、
既存の「手段主導」で
何か新しいものを作る

許容可能な損失
(Affordable Loss)**の原則**

期待利益の最大化ではなく、
損失（マイナス面）が許容可能か
に基づいてコミットする

レモネード
(Lemonade)**の原則**

予期せぬ事態を
避けるのではなく、むしろ
偶然をテコとして活用する

クレイジーキルト
(Crazy Quilt)**の原則**

コミットする意思を持つ
全ての関与者と交渉し、
パートナーシップを築く

飛行機のパイロット
(Pilot in the Plane)**の原則**

コントロール可能な
活動に集中し、予測ではなく
コントロールによって
望ましい成果を帰結させる

を生み出そうとするのです。こうした思考様式は、「飛行機のパイロット（pilot-in-the-plane）の原則」と呼ばれています。

「できない」理由に対する見方を変える

以上のようなエフェクチュエーションの論理が有効な状況は、決して、起業や新規事業の創出のみに留まるわけではありません。むしろ、あらゆる結果の不確実性を伴うチャレンジや、新しい何かを創造するプロセスにおいて、そうした試行錯誤を合理的に進めるために活用することのできる、意思決定の一般理論であるといえます。

たとえば、あなたがチャレンジしたいけれども踏み出せていないことや、「できない」と感じて諦めている何かを、思い起こしてみてください。仕事に関することでも、プライベートのことでも、何でも構いません。その際に「できない」と感じている理由には、たとえば、次のようなものが含まれるのではないでしょうか。

もしかしたらあなたは、何かを始めたいと思うが、何をすればよいかわからないのかもしれません。また、すべき事ややりたい事は見えていたとしても、失敗を考えて躊躇してしまう、という状況もあるでしょう。とはいえ、思い切ってチャレンジしてみたところで、まったく思った通りに進まないかもしれません。さらには、自分自身の成し遂げる能力やアイデアにそもそも自信がない、と考えて諦めている方もいるかもしれません。

エフェクチュエーションの論理は、こうした不確実な新しいチャレンジに取り組む際に直面する問題に対して、大きく見方を転換してくれるものだと考えています。たとえば、「何をすればよいかわからない」という目的が曖昧な状況があったとしても、「手中の鳥」と呼ばれる手段主導で着手する原則を活用することで、「ゴールが明確でなくとも、手持ちの手段に基づいて、まず一歩を踏み出すことはできる」と考えることができます。また、「失敗を考えて躊躇してしまう」状況に対しては、「許容可能な損失の原則」に基づくことで、「うまくいくかどうかを心配するかわりに、もし失敗しても問題ないくらいにリスクを最小化して取り組めばよい」と発想することができます。「思った通りに進まない」現状も、「レモネードの原則」で発想することで、「障害自体を活用することで、偶然を組み込んだ創造的なアイデアを生み出すことができないか？」と、予期せぬ事態を前向きに活用する視点を持つことができるでしょう。「自分のアイデアや能力に自信を持てない」という状況でも、「クレイジーキルトの原則」を理解することで、自分の手持ちの手段（アイデアや能力、資源など）の価値というのは自分だけでは決められないのだから、「そのアイデアが優れたものかどうかは、パートナーを獲得する行動を起こすまではわからない」と考えることができるでしょう。

そして、「何らかの機会（チャンス）さえつかめれば成功できるのに、自分はまだその機会を発見できていないだけだ」と考えている方も、いるかもしれません。そのために、まずはさまざまな情報を収集して、最適な選択肢を見つけようと考えているかもしれません。しかし、エフェクチュエーションの発想では、機会はどこかで発見されるのを待っているようなものではなく、むしろ、起業家自身の行動を通じて創出されるものである、と考えるのです。

発見される事業機会

機会の問題について、もう少し具体的な例を用いて考えてみましょう。ソニーの携帯用音楽プレイヤー「ウォークマン」には、ＷＭ１シリーズという最上位のフラグシップモデルがあります。２０１６年9月に、「NW-WM1Z」と「NW-WM1A」の２ラインナップで登場し、実売価格はそれぞれ32万円前後、12万9千円前後と、歴代のウォークマンで最高水準であったにもかかわらず、ユーザーからも高く評価される製品となりました。その特徴は、独自開発した技術や部品、上質な素材を採用して、高音質の音楽再生を実現したことにありました。当時もスマートフォンの国内普及率は5割を超えており、多くの人々は、スマートフォンの音楽再生アプリで音楽を聴いている社会環境がありました。[※7]しかし、そうしたなかでもスマートフォンの音質では満足できない、高音質への強いニーズを持つ音楽愛好者のセグメントが存在していることをソニーは発見し、彼らをターゲットとしてWM1の開発を成功させたといえます。こうしたプロセスは、マーケティング・リサーチなどの意図的な努力によって、まず満たされていないニーズや潜在的な市場を発見し、それを満足させる製品・サービスを開発することで新しい市場を創造する、まさに、コーゼーションの進め方であるといえます。

一方で、同様のプロセスによって、1979年に発売された世界で最初のウォークマンが開発できたか、を考えてみると、そうではないことが理解できるでしょう。今日だからこそ、通学・通勤の電車のなか、あるいはランニング中など、移動しながら音楽を聴きたいと思うことは当たり前になっており、実際に、携帯音楽プレイヤーのうちMP3プレイヤーだけでも世界で年間1億1500万台以上が販売されています。[※8]しかし、最初のウォークマンが普及するまでは音楽は室内で聴くことが当たり前であり、仮にマーケティング・リサーチを実施したところで「ニーズは存在しない」と判断されていた可能性もあるでしょう。実際にウォークマンの発売を検討した際のソニー社内でも「絶対に売れない」という声があったといいます[※9]。つまり、初代ウォークマンの成功は、消費者のニーズのような市場機会を発見できたことにあったのではなく、むしろ製品だけではなく、それを必要とする人々の生活様式まで創造したことにあったといえるでしょう。

同じような状況は、いわゆる「イノベーション」と呼ばれるような、その成功によって社会・経済環境に大きな影響を及ぼした製品・サービスの開発プロセスでは、しばしば観察されています。たとえば、まだ主要な交通手段が馬車であった20世紀の初頭に、累計1500万台以上も販売され、産業と交通に革命をもたらした自動車「T型フォード」の開発者であるヘンリー・フォードの言葉といわれるものに、「もし人々に何が欲しいか尋ねたら、彼らはより速い馬と答えただろう」があります。似た意味の発言とし

※7　総務省「令和2年 情報通信白書」(https://www.soumu.go.jp/johotsusintokei/whitepaper/ja/r02/html/nd252110.html) 2022年9月16日閲覧。
※8　"Global MP3 Players Industry" Global Industry Analysts, 2021.
※9　SONY ホームページ、Sony History (https://www.sony.com/ja/SonyInfo/CorporateInfo/History/SonyHistory/2-05.html) 2022年9月16日閲覧。

て、スティーブ・ジョブズが『ビジネスウイーク』誌のインタビューで語ったといわれる、「多くの場合、人々はそれを見せるまで、自分が何を望んでいるのかわからない」という言葉を思い起こした人もいるかもしれません。[※10] いずれも、革新的製品に対して顧客のニーズがあらかじめ存在したわけではない、と彼らが考えていたことを示唆する言葉です。それでは、そうしたイノベーションは一体、どのようなプロセスによって生み出されるのでしょうか？

創造される事業機会

再び、初代ウォークマンの話に戻りましょう。ソニーの前身である東京通信工業は、1950年に国産のテープレコーダー「G型」を初めて開発した会社であり、1960年代からは、フィリップス社のコンパクトカセット規格のテープレコーダーの製造・販売を行っていました。ウォークマンは、1978年にすでに販売していた手のひらサイズのポータブルモノラルテープレコーダー「プレスマン」から、スピーカーと録音機能を省き、ステレオ再生専用ヘッドに置き換えステレオの再生に特化させた製品として誕生したのでした。

また、当初から新製品としての発売を念頭に開発されたわけではなく、誕生のきっかけは、当時名誉会長であった井深大氏が、出張中の旅客機内できれいな音で音楽が聴けるモノを個人的に作ってほしいと考えたことでした。当時の井深氏は、教科書サイズに小型化したステレオ録音機「TC-D5」を愛用しており、海外出張の機内ではヘッドホンでステレオ音楽を楽しんでいましたが、携帯用としては重すぎたため、「また出張なんだが、『プレスマン』に、再生だけでいいからステレオ回路を入れたのを作ってくれんかな」と、大賀典雄氏（当時副社長）に持ちかけたといいます。大賀氏から依頼を受けたテープレコーダー事業部長の大曽根幸三氏はすぐに、部下にプレスマンから録音機能を取り去り、ステレオ再生が可能なように改造させ、有り合わせのヘッドホンを付けた改造を施しました。急ごしらえの改造版プレスマンの音質を、井深氏はすっかり気に入り、当時会長だった盛田昭夫氏にも聞かせたところやはり気に入り、そこに可能性を感じて商品化を命じたのでした。[※11]

こうしたエピソードからは、ウォークマンにとっての事業機会は、すでにどこかに存

※10　Isaacson (2012).
※11　SONY ホームページ、Sony History (https://www.sony.com/ja/SonyInfo/CorporateInfo/History/SonyHistory/2-05.html) 2022年9月16日閲覧。

在していた潜在ニーズを綿密な調査によって発見したものではなく、意図的に機会を探す行動が採られたわけでもないことがわかります。むしろ機会は、井深氏をはじめ、それに関わった人々が自分にとって有意味で価値があると考えることを実行した、予期せぬ結果として作り出されたものでした。つまり、自分たちがすでに活用できる一組の手段が所与として存在しており、そうした既存の手段を変換することによって新しく意味のあるものを作り出そうとした成果が、世界中の人々の生活様式を変えるイノベーションを生み出したといえます。これは、予測ではなくコントロールによって新たな価値を創造する、エフェクチュエーションのプロセスであるといえるでしょう。

だからこそ、仮にあなたが世界を変える仕事をしたい、イノベーションを生み出したい、という大志を抱いていたとしても、そのためのアイデアの閃きや機会（チャンス）の到来を待つ必要はありません。イノベーションの機会は、社会経済環境の変化に伴って生じた潜在ニーズや、新しい技術の開発や移転、規制の緩和・強化を含む制度変化、あるいは純粋な閃きのなかから発見されることも確かにあるでしょうが、一方で、あなた自身の個人的な満足や不満足、すでに確立された技術、経験に基づく知識やたまたま耳にした情報、過去に却下されたアイデアからも、しばしば生み出されるのです。

そしてアイデアそれ自体よりも、それを形にして他の人々からのコミットメントを得る行動が、より重要です。なぜならば、あるアイデアが優れたビジネスになるかどうかを確かめる唯一の方法は、その製品・サービスを必要としてくれる顧客や、その実現可能性を高めるために自らの資源・能力を提供してくれるパートナーを獲得することを通じて、アイデアの実効性を高めることでしかないからです。

2つの見方が可能にする異なるアプローチ

エフェクチュエーションは、必ずしも最初から機会が見えているわけではない、またマーケティング・リサーチによってニーズや潜在顧客を特定することができないために、コーゼーションが機能しないような極めて高い不確実性の下であっても、新しい事業や組織、市場の機会を一歩一歩創造していくことを可能にするアプローチです。

ただし、エフェクチュエーションを強調することは、コーゼーションの重要性を否定するものではありません。両者は、同じ現実に対して適用可能な、2つの異なるアプローチであるといえます。エフェクチュエーションの提唱者であるサラスバシーは、彼女が得意な料理の例を用いてこれを説明しています。[※12] 目的に対して最適な手段を考えるコーゼーションというのは、最初に料理を食べる人の好みを考えてメニューを決め、一番美味しいレシピを考えて、必要な材料を調達しながら料理をすることにたとえられます。これは、食べる人に満足してもらうことを目的とするのであれば、それを確実に達成できる可能性の高い、合理的なアプローチであるといえるでしょう。一方で、私たちが普段料理をするプロセスというのは、このような進め方ばかりではありません。たとえば、家族に美味しい夕食を作りたいと考えている主婦の方がどのような行動から始めるかを考えてみると、多くの場合には、まず家の冷蔵庫を開けて、どんな材料があるのかを確認してみるのではないでしょうか。そして、必要があれば追加の買い物をすることもあるでしょうが、家に野菜がたくさんあればそれを使って、豚肉があればそれを使って、自分の得意な美味しいものを作ろうと腕を振るう、エフェクチュエーション的な進め方をするのではないかと思います。

重要なことは、どちらのアプローチでも、結果として食べた人が満足できる状態を生み出せることであり、ただし、いずれのアプローチを採るのかによって、出来上がる料理はまったく異なるものになる可能性があることです。また、たとえばその料理が、重要な主賓をもてなすための大規模なパーティーで供されるものならば、コーゼーションのアプローチがよりふさわしいと考えられるでしょう。一方で、エフェクチュエーションのアプローチでは、食べる人が期待もしなかった種類の美味しい料理が提供されたり、斬新な創作料理が生み出されたりする可能性も生まれます。どちらが優れた方法であるかではなく、対処すべき問題によって、両者を使い分けることが重要です。

本書を通じて提案したいのは、これまで私たちの世界に対する合理的な対処の仕方は、コーゼーションに偏っていたのではないか、ということです。そうしたなかで、うまく前に進めずに苦しい思いをしていた方にも、エフェクチュエーションという、もう1つの方法を知っていただくことで、新しいチャレンジに一歩を踏み出す後押しができればと考えています。

※12　Sarasvathy, (2001).

第2章

手中の鳥の原則

あなたが手にしている1羽の鳥は、姿の見えない多くの鳥より価値がある

エフェクチュエーションを構成する5つの思考様式には、それぞれユニークな名前が付けられています。そのうち、「目的主導」で最適な手段を追求するコーゼーションとは対照的に、自分がすでに持っている「手持ちの手段（資源）」を活用し、「手段主導」で何ができるかを発想し着手する思考様式は、「手中の鳥（bird-in-hand）の原則」と呼ばれます。

この名称は、英語のことわざである「A bird in the hand is worth two in the bush.（手中の1羽は、藪の中の2羽の価値がある）」に由来するものです。鳥を得たいと思っている人は、藪の中から姿の見えない複数の鳥の声が聞こえると、そちらを捕まえに行きたい気持ちに駆られるかもしれません。しかし、すでに1羽の鳥を掌《てのひら》につかんでいるのであれば、捕まえられるか不確かな鳥を追い求めるよりも、手中の1羽の鳥を大切にすべきである、という意味の言葉です。多くの人は、すでに持っているものを過小評価して、持たない資源を追い求めがちですが、そのために手にしている1羽が逃げてしまう、あるいは少なくとも十分に活用されない恐れがあることを戒める意味も感じられるかも

しれません。

熟達した起業家に対する意思決定実験から発見された「手中の鳥の原則」という思考様式は、彼らが不確実な資源を追い求めるのではなく、自分がすでに手にしている手段を活用して、すぐに具体的な行動を生み出すことを意味しています。どのような手段を持つかは人によって異なると考えられますが、実験データからは彼らが共通して活用する3種類の「手段」のカテゴリが浮かび上がってきました。

1つ目は、「私は誰か（Who I am）」です。これは、特性や興味、能力や性格など、その起業家のアイデンティティの構成要素を指しています。

2つ目は、「私は何を知っているか（What I know）」です。これは、起業家が活用できる知識を指しますが、彼らの事業に直接関係する専門的な知識やスキルに限定されるわけではありません。趣味や過去に受けた教育から得た知識、あるいは人生経験を通じて獲得した経験則や信念のようなものも、「何を知っているか」の一部であるといえます。

3つ目は、「私は誰を知っているか（Whom I know）」です。これは、起業家が頼ることのできる人とのつながり、社会的ネットワークを意味します。熟達した起業家は、具体的にどのような事業を実現すべきかという目的が明確でない状況下でも、これらの手段に基づいて「何ができるか」を発想し、実行可能な複数の行動方針を生み出していました。

上記の3種類の手段に加えて、「余剰資源（Slack）」を考慮することも有効です。余剰資源とは、組織や社会が所有するものの、必ずしも必要とされていない資源であり、合理的な意思決定を前提とするならばムダや非効率とみなされることもある資源のことを指します。たとえば企業のなかにも、遊休設備や過剰人員、活用されていない技術など、さまざまな余剰資源が存在する可能性があります。こうした余剰資源は、起業家自身が所有する資源ではなくとも、他の人々がそれを重視していなかったり、そもそもその存在にすら気づいていなかったりするため、起業家が個人的に活用することも容易であり、やはり手持ちの手段と考えることができます。

目的ではなく手段に基づくことのメリット

目的から始めるかわりに、これらの手持ちの手段に基づき発想された「何ができるか」から着手することには、どのような利点があるでしょうか。最大のメリットとして、起業家が今すぐに行動を起こせることが挙げられます。逆に、目的から始めて最適な手段を追求するコーゼーションの発想では、目的を持つこと自体が悪いわけでは決してありませんが、それを実現するための具体的な行動を起こすことが難しく感じてしまう恐れがあるといえます。

たとえば、目的が抽象的なものである場合、それが必ずしも具体的な行動指針を導くわけではないという難しさが生じます。仮にあなたが起業家として、「40歳までに経済的な成功を収めたい」、あるいは「重要な社会問題の解決に貢献したい」といった目的を持っていたとしても、そのために今日から何に着手すべきかが目的から自動的に導かれるわけではありません。むしろ大きな目的を掲げている時ほど、それが実現された状態と現在の自分とのギャップをどのように埋めていくべきかがわからず、立ち往生してしまうこともあるかもしれません。

それでは、目的はできるだけ具体化すべきかといえば、そうすると今度はまた別の困難に直面するおそれがあります。たとえば、40歳までに経済的成功を収めるために、「都心部に高所得者向けの人気レストランを開業して成功させる」という、より具体的な目的を設定すること自体はできるかもしれません。ただし、起業家が着手をする時点で、必要な資源の全てを持っていない場合には、まずそうした資源が獲得できなければ目的を達成できないと考えがちになります。つまり、本当にやりたいことは料理を提供して売り上げを作ることなのに、まずは店舗を構えるための資金調達やスタッフの雇用など、必要な資源の獲得に奔走しなければならなくなるのです。

これに対して、すでに持っている手段に基づいて「何ができるか」を発想し、具体的な行動を起こすというエフェクチュエーションのメリットは、起業家にとって重要なより高次元の目的を諦めることなく、今すぐに着手可能な具体的な行動を起こせることだといえます。たとえば、レストランの開業を考えているのであれば、まだ店舗を持たないうちから、「誰を知っているか」のなかで、飲食店経営に関して知見を持っていそうな人物に連絡を取り、何らかのアドバイスを求めるという行動を起こすことはできるでしょう。また、そうした行動の結果、「現在は外食よりも料理のテイクアウトやデリバリーサービスのほうが需要が大きいので、今すぐに店舗を持つべきではない」という助言を得たとすれば、起業家は、店を構えることを前提にしていた当初のアイデアを見直して、まずはレンタルキッチンを借りてデリバリーに特化したビジネスの開業へ方向転換するかもしれません。

このように、いち早く具体的な行動を起こすことで、始めには想像もしていなかったような出会いやフィードバックの機会が生じ、そうしたなかで、より適合的な新しい目的が見出されることも、しばしば起こると考えられます。

日本のハーブ市場はどのように生み出されたのか

手持ちの手段を活用することで、最適なアプローチが特定できない高い不確実性のなかでも、いかに新たな行動が可能になるかを理解するために、ここでは一人の起業家の例を取り上げたいと思います。それは、40年以上も前の市場の黎明期からハーブを事業化し、川上から川下までの幅広い事業を通じて日本にハーブのある生活（ハーバルライフ）を提案し続けてきた企業、株式会社生活の木の創業経営者、重永忠さんです。※1

現在では、ハーブやアロマテラピーをまったく知らないという人のほうが珍しいかもしれませんが、重永さんが1977年に事業を開始した当時の日本では、「ハーブ」という言葉さえ聞いたことがない人がほとんどでした。生活の木は、そこから使用シーン開発や商品開発を行い、楽しみ方を提案することによって、それまで日本になかった新規のビジネスと、日本におけるハーブやアロマテラピーの文化を創造してきた企業であるといえます。

ここで着目したいのは、そうした時代に重永さんがいち早くハーブ事業に着手をした

※1　生活の木の事例の内容は、吉田（2012）や吉田（2014）に基づいている。

背景には、彼自身の手持ちの手段の活用があったという点です。原宿・神宮前交差点からすぐの、人通りの賑やかな表参道沿いに、全国約100店舗の直営店を運営する「生活の木」の本店ビルがあります。重永さんは、この場所で商売を営む家の三代目として生まれ育ちました。祖父は写真館、父は西洋陶器の製造販売という、いずれも当時まだ珍しかった事業を起こし、全て自前主義で経営していました。重永さん自身も、「誰もやらないことを極めることで優位に立つ」という主義を父親から受け継いでいると自覚しており、それは「私は誰か」の要素であったといえます。

また、「何を知っているか」には、少年時代の個人的な体験が関わっていました。それは、重永さん自身が小学校6年生の時に重い腎臓病を患ったことでした。病気のために野球が大好きだったスポーツ少年がまったく運動できない状態になったばかりでなく、ついには、西洋医学の治療を受けていたお医者さんから一生治らないことを宣告されてしまいます。しかし、その後、母親が紹介を受けた漢方医に通うようになり、処方された漢方薬を服用し続けていると、不治といわれた腎臓病が中学2年生の時に完治したのでした。この漢方、つまり植物の恵みで病気が治った体験があったからこそ、アメリカの視察旅行のお土産として父親が持ち帰ったハーブやポプリに強い可能性を感じ、父親の西洋陶器のお店の一角で、輸入したポプリを販売する事業に着手したのでした。

ただし、その後の展開は順調とはほど遠いものでした。当時のハーブは、蛇の〝ハブ〟と聞き間違えられるほど日本人にとって認知度が低く、社員からですら、「そんなただの葉っぱが売れるわけない」と、店頭に置くことを拒否される状況だったのです。そうしたなかでも、重永さんたちは試行錯誤を続けていました。人通りの多い立地と、文字通り売るほどあった西洋陶器を活用して、ハーブティーを提供する喫茶店事業を営んだ時期もありましたが、多くの人々にハーブのよさを実感してもらうには至りませんでした。

転機となったのは、1980年に、主人公がストーリーに沿ったポプリづくりをする少女漫画、『あこがれ♥二重奏』（佐藤まり子）がヒットし、全国の小・中学生の間にポプリブームが起きたことでした。実はこの漫画は、当時生活の木でアルバイトをしていた漫画家志望の大学生に依頼し、重永さんたちが出版社に持ち込んで実現した企画でした。毎回の漫画のなかではポプリのレシピも掲載され、また生活の木とのタイアップ企画として「オリジナルポプリコンテスト」を開催したところ、20万件を超える応募が殺到し、1979年に開始した通信販売の会員も急増することになりました。こうした展開は、まさに手持ちの資源のなかの、「誰を知っているか」から「何ができるか」を発想し、行動したことの成果であるといえるでしょう。

手持ちの手段（資源）を考えるうえでのポイント

重永さんの事例からは、手持ちの手段（資源）の活用を考えるうえでの、いくつかのポイントを確認することができます。

まず、「私は誰か（Who I am）」には、起業家自身のアイデンティティ（自分はどのような人間か）に関わるものであれば、どのような要素を含んでもよいといえます。他の人たちと比べてユニークな客観的な特性以外にも、起業家自身が「自分をどのような人間だと信じているのか」、あるいは「自分はどのような存在でありたいと考えるのか」といった、主観的な自己認識もまた、「何ができるか」に影響を及ぼす、極めて重要なアイデンティティの構成要素であるといえます。

経営思想家のピーター・ドラッカーは、著書のなかで次のようなエピソードを紹介しながら、「自分は何によって覚えられたいのか」を問うことの重要性を語っています。

「私が13歳のとき、宗教の先生が『何によって憶えられたいかね』と聞いた。誰も答えられなかった。すると、『答えられると思って聞いたわけではない。でも50になっても答えられなければ、人生を無駄に過ごしたことになるよ』といった。[※2]」ここで、「自分は何によって覚えられたいのか」というのは、いま自分が何をなすべきかに関する問いであり、自己刷新を促すための具体的な行動を導くものである、とドラッカーは説明しています。「私は何か」が、不確実性のなかで具体的な行動指針となることが説得的に理解できる指摘であると思います。

手持ちの手段（資源）の第2のカテゴリである、「何を知っているか（What I know）」に関しても、広く解釈すべきであることが理解できます。それは専門的な知識やスキルに限定されるわけでもなければ、多くの人が信じている客観的事実である必要もありません。仮に、ほとんどの人々の賛同を得られなかったとしても、起業家が自らの体験に基づいて正しいと認識していること、信念を持っていることが、具体的な行動を生み出す強力な基盤になりうることが、重永さんの事例からわかります。

このように、手持ちの手段（資源）のうち、起業家自身のユニークな特性や価値観、さまざまな人生経験に基づく知識から、「何ができるか」を発想して行動に着手することにより、他の人では生み出すことのできないような独自の方向性に道が拓かれます。

実際に、サラスバシーの意思決定実験に参加した27名のエキスパートの起業家は、実験開始時点ではまったく同じ条件設定が与えられていたにもかかわらず、それぞれに固有

※2　Drucker（1990），邦訳 p.219

の手持ちの手段を活用して意思決定を繰り返した結果、まったく異なる市場機会に到達したのです。

第3のカテゴリである「誰を知っているか（Who I know）」に関しても、より広い視点で捉えることが有効です。このカテゴリは、起業家が頼ることのできる社会的ネットワークを指しますので、たとえば親しい友人や家族、同僚といった、直接的にアプローチが可能で、相談しやすい人々を、真っ先に思い浮かべるかもしれません。一方で、ハーブ事業の売り上げ拡大にとって、たまたま漫画を描ける大学生のアルバイトがいたことが重要であったように、偶然に知り合った人々や、必ずしも関係性は強くなくともアプローチ自体は可能な人たちを、「誰を知っているか」に含めて考えることも重要です。

スタンフォード大学の社会学の教授であるマーク・グラノヴェッターの有名な論文に、「弱い紐帯の強み（The strength of weak ties）」という研究があります。この研究では、アメリカの転職経験者をランダムに抽出し、彼らの転職につながった仕事の重要な情報をもたらした人との接触頻度を尋ねた結果、8割以上が「時々」あるいは「まれに」しか会わない人々であることが明らかにされました。[※3] つまり、頻繁に接触する相手（強い紐帯）よりも、たまにしか会うことのない知人（弱い紐帯）のほうが、仕事上の重要な情報の提供者として役立ったという結果だったのです。これは、親密な関係性をすでに築いている人たちというのは、自分と同じ情報を持っている可能性が高い一方で、つながりの弱い人々は異なる社会的ネットワークに属しているため、自分にとって新しい情報をもたらしてくれる可能性が高いことを示唆します。「誰を知っているか」を考える際にも、必ずしもつながりが強くない人たちを含めることで、新しい行動の可能性が拓かれることがあるでしょう。

また、あなた自身の直接的な知り合いではなくとも、別の誰かを介してつながることができる人もまたアプローチ可能な人々であり、やはり「誰を知っているか」に含むことができると考えられます。6回知り合いをたどることによって、世界中の任意の人物の誰とでもつながることができることは、イェール大学の心理学の教授スタンレー・ミルグラムによる実験を通じて証明され、「6次の隔たり（Six Degrees of Separation）」として知られています。[※4] こうした事実を踏まえれば、仮にあなたが直接接触可能な人々のなかには、パートナー候補が見つからなかったとしても、そうした人々を介してつながることのできる「知り合いの知り合い」に、重要な役割を果たすパートナーが潜在して

※3　Granovetter（1973）.
※4　Milgram（1967）.

いる可能性は高いと考えられます。

余剰資源によって生み出されたイノベーション

起業家自身が個人的に活用できる「私は誰か」・「何を知っているか」・「誰を知っているか」という手持ちの手段（資源）に加えて、組織や社会のなかに存在する「余剰資源（Slack）」を活用することも有効です。手持ちの手段（資源）と余剰資源の共通点は、それを起業家がすぐに利用できることであり、十分に活かされていない既存の資源を使って、「何か新しい行動が生み出せないか？」「別の新しいものを作れないか？」を考えるための原料にできることです。

余剰資源は、多くの人々が現状では不必要と見なしているがゆえに、活用されていない資源ですので、そうした余剰資源が本当に意味のある成果につながるのか、疑問に思われる方もいるでしょう。しかし、過去の産業史を振り返ってみると、まさに余剰資源を活用しながら大きな経済的な成果を実現した起業家の事例を、いくつも見出すことができます。

『タイム』誌の「20世紀における最も影響力のある人物１００人」にも選ばれた[※5]、グローバルな化粧品ブランド「エスティローダー」の創業者、エスティ・ローダー（Estée Lauder）の創業時にも、余剰資源を活用したエピソードが登場します。

彼女は、皮膚科学の専門家であった伯父の開発したクリームを最初の商品として、1946年に販売を開始します。しかし当時の彼女は、十分な資源を持たない若い女性起業家であり、店舗も持たなければ、広告出稿の資金すら捻出できませんでした。その時に、彼女が活用した余剰資源は、ニューヨークの美容室に集まる裕福な顧客の女性たちの「時間」でした。彼女は、美容室でヘアセットをしてもらっている顧客の女性たちの待ち時間を活用し、商品であるクリームを使った無料のハンドマッサージを提案したのです。それによって商品を気に入った女性たちが次々とクリームを買い求め、最初の売り上げを作ることに成功したのでした。[※6]

また、余剰資源の1つには、有効に活用されていない「技術」を考えることもできるでしょう。1980年に任天堂が開発・発売をし、世界中で4300万台以上を売り上

※5　TIME 100 Persons of The Century (http://content.time.com/time/magazine/article/0,9171,26473,00.html), 2022年9月16日閲覧。
※6　Read et al. (2016).

げる大ヒット製品となった携帯型ゲーム機、「ゲーム&ウォッチ」は、まさにこうした技術を活用して生み出されたイノベーションといえます。[※7]

このゲーム機が着想されたきっかけは、同社でゲームの開発を行っていた横井軍平さんが、出張の新幹線のなかで電卓のボタンを押して暇つぶしをするサラリーマンを見かけたことでした。当時、液晶電卓の各メーカーが薄型競争にしのぎを削った結果、1970年代の終わりには液晶電卓は小型で安価な製品となり、多くの人が所有するようになっていました。その携帯型ゲーム機のアイデアを、横井さんから聞いた任天堂の山内社長が、たまたまその日の会合でシャープの佐伯社長と臨席したため何気なく話題にしたところ、1週間もたたないうちに、シャープの重役が任天堂を訪問し、急にアイデアが実現することになったのです。

実は当時のシャープでは、液晶電卓の需要が頭打ちして工場の縮小も検討していたタイミングであり、液晶の新しい応用先を探していたのでした。シャープと共同で開発されたゲーム&ウォッチには、電卓で使われていたチップ（集積回路）がそのまま転用されました。[※8] 当時のシャープにとって余剰資源になりつつあったチップ技術やその生産設備を活用できたからこそ、ゲーム&ウォッチはまったく新しい製品でありながら低コストでの開発が可能となり、世界的なヒット製品になったといえるでしょう。

ゲーム&ウォッチ以外にも多くのゲームを生み出した横井さんは、任天堂の伝説のゲームクリエイターとして知られています。彼は、先端技術ではなく、使い古された技術の使い道を変えてみることによって、まったく新しい商品が生まれる、という開発哲学を持っており、「枯れた技術の水平思考」という言葉を用いていました。[※9] 先端技術の活用は確かに革新的な商品につながるかもしれませんが、そうした商品は価格も非常に高くなりがちで、結果として売れない商品が出来上がってしまう恐れがあります。一方で、既存分野で普及しきったため、余剰資源と見なされるような技術は、別の領域に水平展開をして活用できれば、むしろ大きなイノベーションになりやすいのです。

余剰資源は、普段あまり意識されないがゆえに、すぐに気づいて活用することが難しいと感じられるかもしれません。しかし事例として挙げた以外にも、稼働していない時間帯の設備や、廃棄されている材料などを含め、普段から意識的に探してみると身の回りにあるさまざまな余剰資源の存在に気づくことでしょう。多くの余剰資源は、非常に

※7 任天堂ホームページ「インタビュー 社長が訊く『ゲーム&ウォッチ』」(https://www.nintendo.co.jp/n10/interview/game_and_watch/vol1/index2.html) 2022年9月16日閲覧。
※8 横井・牧野(2010), pp.100-112.
※9 横井・牧野(2010), pp.198-200.

安価で（時にはまったくお金を必要とせずに）活用することが可能ですので、仮に行動が失敗に終わった場合でも損失はより小さなものになります。逆に行動が成功した場合には、最初の投入費用が小さい分、利益は大きなものとなるでしょう。5800円という価格で発売された「ゲーム&ウォッチ」も、それが大ヒットしたことで、後のファミコンやゲームボーイの開発資金につながる大きな収益を任天堂にもたらしたのでした。

手持ちの手段（資源）をアイデアに変換する

本章では、手持ちの手段（資源）や余剰資源を活用して、「何ができるか」の具体的な行動のアイデアを生み出して着手する、「手中の鳥の原則」を確認してきました。最後に、手持ちの手段（資源）からアイデアを発想するときに重要な点として、そのアイデアが優れたものであるかどうかを、その時点で確信できている必要は必ずしもないことを確認しておきたいと思います。

「何ができるか」のアイデアは、あなたがすでに利用可能な手段に基づいて発想されたがゆえに、もしかしたら自分にとっては平凡すぎるアイデアや、新規性に欠けるアイデアに見えているかもしれません。しかし、たとえば、大塚食品の販売する世界初のレトルトパウチ食品「ボンカレー」が、もともと大塚グループの持っていた点滴液を高温処理で殺菌する技術の応用として開発されたように、あらゆるイノベーションは、新しいものを無から生み出すことではなく、既存の物や力の「新結合」によって実現されるのです。[※10]

さらに、最初の時点では起業家自身がそこまで大きな事業性を見出していたわけではなかったアイデアだとしても、それに関する何らかの行動を起こして他者と関わっていく過程で、新たなパートナーを獲得してその実効性が高まっていく可能性があることは、ゲーム&ウォッチの事例でも確認されました。時には、予期せぬフィードバックを得た結果として、「何ができるか」のアイデアが思わぬ方向性へとピボットされる可能性もあるでしょう。このように、アイデアは繰り返しアップデートされる可能性に開かれていることが、エフェクチュエーションのプロセスの大きな特徴になります。

同じように、着手する時点で、自分があまり価値のある「手中の鳥」を持っていないのではないか、と悩む必要もありません。なぜならば、「何を知っているか」や「誰を知っているか」といった手持ちの手段もまた、行動を起こすたびに拡張されていきます

※10　Schumpeter (1934), 邦訳.

し、また「私は誰か」についても、行動とその結果からのフィードバックを通じて、次第に明確化していくことが期待されるためです。

ただし、手持ちの手段（資源）や、そこから生み出される「何ができるか」のアイデアを考えるうえで最も重要なのは、それがあなた自身にとって「意味があるか」という視点です。エフェクチュエーションが前提とする、不確実性の高い環境では、行動の結果として期待した通りの結果が得られるとは限りませんが、そうしたなかでも実際に行動を起こすことが求められます。だからこそ、結果が保証されていなくとも、あなた自身がそれに取り組むことに意味を見出せるのか、行動をすること自体にワクワクすることができるのか、という基準で、アイデアの良し悪しを考える必要があるのです。

第3章

許容可能な損失の原則

熟達した起業家は「命がけのジャンプ」をしたりはしない

第2章では、エフェクチュエーションに基づく意思決定が、目的から考えるのではなく、まず手持ちの手段（資源）に基づいて、「何ができるか」の具体的な行動のアイデアを生み出すという特徴を持つことを確認しました。不確実性が高い環境下では、行動が期待した通りの結果となる保証はありませんが、すでに持っている手段（私は誰か・何を知っているか・誰を知っているか）に基づく限り、そうした行動のアイデアは少なくともあなた自身にとって意味があり、実行可能なものであるはずです。しかし、アイデアが実行可能であったとしても、それを本当に実行するためには、起業家はさらなる意思決定の必要性に迫られるでしょう。

あるアイデアを着想した場合に、本当にそれを実行するのか。あるいは、複数のアイデアがある場合には、一体どれを実行するのか。こうした意思決定に際して、コーゼーションに基づく発想では、一般的に期待できるリターン（期待利益）の大きさが、判断基準として用いられてきました。つまり、行動の結果として、投下した資源以上の大きなリターンが期待できるならば実行すればよい、と考えるのです。複数の行動の選択肢がある場合にも、最も期待利益の大きいもの、つまり最も成功しそうなものや儲かりそうなものを選ぶべきだと考えられます。ただし、環境の不確実性が極めて高い状況では、どれほど精緻に期待利益を予測しようとしたところで、それが得られる保証はどこにもありません。

だからこそ、こうした高い不確実性に繰り返し対処してきた熟達した起業家は、事前に予測された期待利益ではなく、逆にマイナス面、うまくいかなかった際に生じる損失可能性に基づいて、行動へのコミットメントを行う傾向がありました。将来得られるだろう大きな期待利益のために大胆なリスクを取るという、ハイリスク・ハイリターンに賭ける一般的な起業家のイメージとは異なるかもしれませんが、熟達した起業家は、不利な面を十分に認識したうえで、避けられるならば絶対にリスクは取るべきではない、と考えていたのです。

実際に、エフェクチュエーションの発見に至った意思決定実験に協力をした27名の起業家の誰一人として、リターンの可能性を予測するために特別な努力を払ったり、それに基づいて投資水準を決めたりしませんでした。そのかわりに、「失うことを許容できる範囲（afford to lose）」においてのみ資金を使おうとする傾向や、出費をできるだけ抑えようとする傾向が見られました。[※1] つまり彼らは、予期せぬ事態は避けられないことを前提としたうえで、最悪の事態が起こった場合に起きうる損失をあらかじめ見積もり、それが許容できるならば実行すればよい、という基準で意思決定を行っていたのです。これがエフェクチュエーションを構成するもう1つの思考様式である、「許容可能な損失（affordable loss）の原則」です。

「許容可能な損失」の範囲で行動する利点

ここでいう起こりうる損失のなかには、行動のために投資されたあらゆる資源が含まれます。当然資金以外にも、費やした時間や労力、協力者からの期待、犠牲にした別の機会などが、うまくいかない場合の損失になりうるでしょう。それがどのような種類の損失であれ、起業家が、どこまでなら損失を許容できるかの推定に基づいて意思決定をすることで、予測に頼らなくても済む状態を作り出すことができます。期待利益を計算する場合には、未来の売り上げや資本コストに関するリスクなど、さまざまな「予測」に基づく評価を伴いますが、許容可能な損失を計算する場合には、現在の財務的状況と、最悪のケースに備えた心理的コミットメントの評価を知るだけでよいのです。[※2]

損失が許容できる限りにおいてコミットメントを行うことには、いくつもの利点が指摘されます。[※3]第一に、うまくいかない可能性が事前に考慮され、なおかつそれを自分が受容できることがわかっているため、新しいことを始める心理的ハードルが低くなるといえます。第二に、最悪の事態が起こった場合に失うものに対して、事前にコミットメントを行うため、成功するかどうかの予測に無駄な労力を費やす必要もなくなります。そして第三に、うまくいかなかった場合でも失敗が致命傷とはならないために、再度別の方法でチャレンジすることが可能になるのです。この最後の点は特に重要ですので、少し説明を加えたいと思います。

不確実性が高い環境では、思い切って行動を起こしたところで期待通りの結果が得られないことは往々にしてありえます。そうした結果は、いわゆる「失敗」と呼べるものですが、失敗することそれ自体が問題であるわけではありません。失敗が問題になるのは、それが許容不可能な損失を発生させた結果、起業家がそれ以上取り組みを継続できなくなり、諦めざるを得なくなるためだといえます。逆に、起業家の行動が「許容可能な損失」の範囲に収まる限りにおいては、失敗といわれる結果が致命傷を生まないため、再度別の方法でチャレンジすることができます。そして、再チャレンジの際には、先の

※1　Sarasvathy (2008), 邦訳 pp.43-44.
※2　Sarasvathy (2008), 邦訳 p.106.
※3　Read et al. (2016).

失敗経験からの反省が何らかの形で活かされることでしょう。つまり、許容可能な損失の基準で行動する限りにおいては、過去の失敗経験はむしろ、後の成功確率を上げてくれる学習機会と見なせるようになります。

「失敗は成功のもと」という言葉の通り、先行する失敗経験からの学びが、その後の成功をもたらしたと考えられる事例は多く存在しています。たとえば、アップル社の歴史のなかで失敗事業とされるものの1つに、同社が世界初のPDA（個人用携帯情報端末）として1992年に発売した「Newton（正式名称：Message Pad）」シリーズがあります。ジョン・スカリーCEOのもと1987年に開発に着手し、スタイラスペンによる手書き認識機能を初めて搭載した革新的な製品として1993年8月にリリースされたものの、高額な価格や手書き認識機能のトラブル等の要因により売り上げが伸びず、創業者のスティーブ・ジョブズがCEOに復帰した翌年1998年に完全な事業撤退がなされました。ただし、このNewtonの失敗経験からの学習が、その後に発売されて大ヒットした「iPhone」や「iPod touch」といった製品の開発にとって何らか活かされたのではないか、と想像することは難しいことではありません。

「本当に必要な資源はどれくらいか」を考える

それでは実際に、許容可能な損失の範囲で行動するためには、どのような発想が求められるのでしょうか。少なくとも2つの視点を考慮することが重要だといえます。

第一に、「本当に必要な資源はどれくらいか」という視点であり、着手する時点で最初に投入する資源をできるだけ小さくできないか、と考えることです。何か新しい取り組みを始める際に、投入する資源が多ければ多いほど、それがうまくいかない場合に起こりうる損失も大きなものになります。

したがって、不確実性が高く、必ずうまくいくという見通しが持てないのであれば、最初から大きな資源をそこに投入して、失敗が許容可能な損失の水準を超えてしまうことは避けなければなりません。できるだけ最初の一歩を小さく踏み出せないかを工夫することで、行動は許容可能な損失の範囲にとどまりやすくなるでしょう。踏み出す一歩の歩幅を小さくするためには、さまざまな工夫が考えられます。[※4]

※4 Read et al. (2016).

・新たな資源投入を必要としない行動から着手する

「手中の鳥」と呼ばれる手持ちの手段（資源）に基づいて着手することは、許容可能な損失の範囲で行動することとも整合的です。もしあなたが、まずは自分がすでに持っている手持ちの手段（資源）と余剰資源だけを活用して行動を始めるならば、新たな資源投入が不要な分、損失可能性は最小化されるでしょう。

第2章でご紹介したエスティー・ローダーの事例でも、クリームを売るための理想的な方法としては、直営の店舗を持ったり、広告を出稿したりすることも考えられますが、彼女がまず実行したのは、美容室の協力を得て、ターゲット顧客の女性たちにハンドマッサージを提供するという、ほとんど資金を必要としない行動でした。こうした行動は、結果としてうまく機能しなくとも、起業家にとって大きな損失は生じさせず、逆に成功した場合の利益獲得可能性を高めてくれます。

・できるだけ一歩の幅を小さくする

それでも、いずれは設備投資など、何らかの避けられない投資が発生することもあるでしょう。その際にもできるだけ一歩の幅を小さくできないか、と発想することが重要です。「固定費を変動費化できないか」と考えることは、そうした発想の1つといえます。たとえば製造業であれば、ものづくりのための機械の購入や工場の建設、サービス業であれば店舗の開業など、最初に大きな固定費をかけなければ事業に着手できない、と考える人もいるかもしれませんが、成果が不確実ななかで、そうした投資が許容可能でない損失につながる恐れがあるならば、なるべく避けるべきだといえます。設備を自ら所有するかわりに、たとえ短期的には割高でもリースで利用できるのであれば、うまくいかなかった場合の損失可能性はむしろ小さくすることができます。

その際に、余剰資源の活用と組み合わせて考えることで、より費用を抑える工夫もできるかもしれません。たとえば、現在必要とする製造設備をすでに所有している企業があり、さらにそれが稼働していない時間にだけ使わせてもらうことができるのであれば、より低いコストで設備を借りることができるかもしれません。

・新たな資源投入が必要となるタイミングを延期する

また、どうしても新たに調達が必要な資源がある場合でも、それに対する支払いのタイミングを先延ばしすることができれば、事業に着手する時点で必要な資源をより小さくすることができるでしょう。たとえば、継続的に注文を行うという条件で、原材料や商品の仕入れ先に対して交渉を行い、支払いサイトを長く設定することができるのならば、当面必要な手元資金はより小さくて済みます。また、早い段階で製品ラインや組織体制を拡張するのではなく、まずは限られた範囲で成果を生み出すことに集中し、本当に必要になったタイミングで製品の種類を増やしたり、追加的な人材を雇用したりすることも、資源投入を延期する、という発想に含まれるでしょう。

「自分は何を失っても大丈夫か」を考える

許容可能な損失の範囲で行動するためのもう1つの重要なポイントは、「自分は何を失っても大丈夫か」「逆に何を失うことを危険だと思うのか」を自覚したうえで、失うことを許容できない資源をなるべく危険に晒さないように着手することです。実際には、何を失うことを許容できるか／できないか、というのは、事業の内容によって決まるわけではなく、起業家によって異なり、また同じ起業家でも彼がどのようなライフステージや環境に置かれているかによって変化すると想定されます。[※5] このように「許容可能な損失」の推定が人によって大きく異なること、それこそがエフェクチュエーションのその後のプロセスの展開にとっても、重要な意味を持つことは、後ほど確認しておきたいと思います。

・損失の許容可能性は自信や動機の強さに連動する

もしあなたが行動に移そうとするアイデアに対して、強い自信やモチベーションを抱いており、不退転の覚悟で取り組もうとしているならば、その分だけ許容可能な損失も大きくなるでしょう。後にも述べますが、そうした状況ではうまくいかない場合の損失可能性よりも、行動しないことによって失われるもののほうが大きいと判断されるため、結果が不確実であっても行動することのリスクを取ることができます。だからといって、ここでは自分のアイデアに対して熱意を持つべきだ、ということを強調したいわけではありません。モチベーションや熱意が強く、許容可能な損失が大きいことは、その分一歩を踏み出す際の歩幅が大きくなり、より速く進むことができるという意味で、確かに望ましいことといえるでしょう。

しかし、それ以上に重要になのは、自分自身の許容可能な損失を認識したうえで、その範囲を超えないように、歩幅をコントロールした一歩を踏み出すことです。仮に、自分のアイデアの価値に確信が持てない場合には、無理やり自分を鼓舞して熱意を持とうとする必要はありません。だからといって行動を起こさずに逡巡することなく、その分

※5　Sarasvathy (2008), 邦訳 p.106.

だけ小さな歩幅で一歩を踏み出すことが、エフェクチュエーションのプロセスを前に進めるうえでは何よりも重要です。

そうした小さな一歩というのは、たとえば自分の考えているアイデアを、気軽に相談できる誰かに話してフィードバックをもらう、といったすぐに着手可能なもので構いません。どのような行動であれ、それを起こすことで得られる結果は、少なくともそのアイデアの可能性や、自分の手持ちの手段について理解を深めるきっかけになることでしょう。

・許容不可能な損失はパートナーシップの可能性を示唆する

どのような種類の資源を失うことを危険だと思うかが人によって大きく異なるという事実は、その後のパートナーシップの可能性を示唆するという意味でも重要です。単純化した例を挙げれば、チャレンジした事業の失敗により自己資金100万円を失うという結果は、生活費ですら余裕のないAさんにとっては許容不可能である一方で、十分な資産を持つBさんには許容可能な損失の範囲と見なされるかもしれません。逆に、成果の不確実なスタートアップの立ち上げに多くの時間を費やすことは、時間のあるAさんには許容可能でも、忙しいBさんにはとても許容できないことかもしれません。

このように損失を許容できる資源が異なる二者がパートナーシップを構築することができるならば、新しい事業の立ち上げに伴う資金と時間の損失のいずれもが許容可能な範囲に収まる可能性は高くなります。つまり、自分にとって許容できない損失が何かを自覚し、それを許容できる誰かをパートナーとすることができるのならば、不確実性に伴うマイナス面の許容可能性をより大きくすることができるのです。

「行動しないことの機会損失」も考慮する

これまで確認してきた、最悪の事態で起きうる損失のなかには、新しいチャレンジをするという行動の選択によって、他の選択を実行できなかったことで生じる架空の費用、すなわち行動することの「機会費用」も含まれます。たとえば、会社を辞めて起業した人がそれまで勤め先から得ていた給与所得のように、新しいチャレンジに費やされる時間や労力を、別の取り組みに投入していれば当然得られたであろうリターンが存在するのであれば、それは機会費用であり、損失可能性に考慮されます。ただし、機会費用には、行動しないことの機会費用（機会損失）も存在します。つまり、もしそのタイミングでチャレンジする行動を起こさなかったがゆえに、失われてしまうものがあるのであれば、それもまた損失可能性のなかに考慮されるべきだといえます。

世の中で起業家やイノベーターと称される人々が、しばしば大きなリスクを伴う行動を思い切って決断をしていることは、許容可能な損失の原則に一見反しているように思われるかもしれませんが、これも行動しないことの機会損失を考慮することで理解可能になります。つまり、そうした起業家は、チャレンジがうまくいかない場合に失われるものだけでなく、そのタイミングで行動しないことで逆に失われてしまうもの（機会損失）も考慮している可能性があります。もし後者の機会損失のほうが大きいのであれば、たとえリスクを伴うとしても思い切って行動することのほうが、より損失可能性を低くする、合理的な意思決定といえるでしょう。

・トヨタの創業者はなぜ不可能といわれた自動車産業に参入したのか

トヨタ自動車の創業者である豊田喜一郎さんが、その前身である豊田自動織機製作所でエンジンの研究に着手し、自動車産業に進出した背景にも、機会損失を考慮した意思決定があったのではないかと理解できます。豊田さんの伝記『カイゼン魂―トヨタを創った男　豊田喜一郎』を著した野口均さんは、そのなかで、経緯を次のように説明しています。

昭和5年4月、7か月にもわたる欧米の視察旅行から帰国した豊田喜一郎さんは、豊田自動織機製作所の一角にベニヤ板で囲まれた研究室を設け、自ら〝道楽〟と称して、自動車の小型エンジンの研究に着手しました。当時の豊田自動織機製作所は、同社の創業者であり、明治時代の発明王と呼ばれた父・佐吉さんが開発した豊田自動織機の売り上げが好調で、また独自に紡績機の開発にも着手し、総合繊維機械メーカーを目指して躍進していた時期でした。そうしたなかで、困難の大きさゆえに当時の三菱や三井のような大財閥でさえ手を出そうとしなかった自動車の国産化になぜ、彼は踏み切ったのでしょうか。

その理由としては、繊維機械の世界トップメーカーであるイギリスのプラット・ブラザーズ社を、大正11年と昭和4年の二度にわたって訪問した豊田さんが、かつて栄えていた同社や繊維産業の衰退ぶりを目にし、最も将来性があり、日本にとっても必要な自動車産業への進出を決意したのではないか、という背景が推測されています。

その時に、豊田さんがしたであろう意思決定について、野口さんは次のように説明しています。

「伸るか反るかの勝負を独断で仕掛けて失敗したところで、それが日本のためになる発明や新分野への挑戦なら、後ろ指を指されることはない。むしろ、守りに入って何も挑戦しないほうが（明治国家の発展のために自動織機の発明に邁進した父）佐吉の精神に悖《もと》るわけだ。」（野口、2016年、147ページ）。

つまり豊田さんは、リスクの大きいチャレンジによる損失可能性よりも、チャレンジしないことで失うもののほうが大きいと判断したと考えられます。これはまさに、行動しないことの機会損失を明確に意識した意思決定だった、といえるでしょう。

許容可能な損失に基づいた行動は成功にも結び付きやすい

まずは手持ちの手段（資源）と許容可能な損失の範囲で最初の一歩を踏み出すことは、期待利益に基づいた最適な一歩を踏み出そうとすることよりも、容易であるだけではなく、いくつかの理由から、起業家が新規性の高い事業を生み出し、成功させる可能性をも高めると考えられます。

第一に、先ほども述べたように、小さくても行動を起こすことで初めて得られる成功や失敗の経験が、起業家にとって重要な学習機会となるためです。期待通りの結果が得られなくとも、許容可能な損失の範囲で行動する限り再チャレンジが可能になるため、上手くいくと期待したやり方が機能しなければ、方法を修正して、次のチャレンジに活かしていくことができます。

第二に、手持ちの手段（資源）の創造的な活用を促し、無駄を減らすことができるためです。成功した場合に得られるリターンを基準に考える場合には、その実現にとって望ましい資源（資金・時間・労働）がすでに手にしている手段（資源）とは無関係に見積もられ、そうした新たな資源の調達に発想が向かいがちです。これに対して、許容可能な損失という基準に基づく行動では、損失可能性を小さくするためにすでに手にしている手段（資源）を最大限に活かして、本当に必要な資源のみを新たに調達しようと発想するでしょう。その結果、無駄な投資が抑えられるのと同時に、起業家が持つ資源の制約を反映した、高い創造性が発揮される可能性があります。

たとえば、現在約30か国で数十億ドルのEC事業を展開するeBayは、コンピュータ・プログラマーだったピエール・オミダイア（Pierre Omidyar）が１９９５年に創業した会社です。eBayの前身として提供された最初のサービスは、世界で初めて個人間取引を可能にしたオンライン・オークションサイト「オークションウェブ（AuctionWeb）」でした。その成功要因は、取引履歴と取引相手に対する評価を蓄積する「フィードバック・フォーラム」という独自の仕組みによって、１日４０００万人が利用する自己維持型のシステムを構築したことにあるといわれています。当時のオミダイアが、それまでになかったフィードバック・フォーラムを開発した背景には、オークションウェブは当時の彼にとってあくまでも趣味であり、平日10～19時の本業の仕事と、週末に彼女とマウンテンバイクで出かける時間を犠牲にすることなく、家に猫しかいない時にもフィードバックを拾い続けるシステムを、少ない予算で構築する必要があったからだといわれています。[注6]

最後に、許容可能な損失に基づく意思決定は、「成功するかどうか」や「儲かるかどうか」という利益以外の基準で、本当に自分にとって重要な取り組みを選択することを可能にします。

うまくいかなかった場合をあらかじめ想定してコミットメントを行う意思決定では、起業家はそうした損失可能性を覚悟したうえで、「本当に自分はそれをやりたいのか」を改めて自問することになるでしょう。また挑戦しなかった場合に失うだろう機会損失には、うまくいった場合のリターン以上に、自分のアイデンティティや志、自己実現の可能性といった要素が、深く関わっていることに気づく場合もあるでしょう。期待利益に基づく意思決定が、成功見込みやリターンの大きさといった、起業家自身にとって外的な要素を考慮するのとは対照的に、許容可能な損失の評価は、起業家が自身の内的な要素や価値観を改めて振り返る意思決定になる可能性があります。だからこそエフェクチュエーションを活用する起業家は、他の誰もが採用したことのない新たな行動を、合理的に選択していくことが可能になるのです。

※6 Read et al. (2016), p.48.

第4章

レモネードの原則

不確実性の削減を重視するコーゼーション

起業のプロセスでは、さまざまな予期せぬ事態に直面します。そのなかには、顧客の獲得に失敗したり、技術開発がスケジュール通りに進まなかったり、期待した資金調達ができなかったり、といった不都合な事態もあるでしょう。逆に、思わぬ形でパートナーが現れたり、偶然の出来事をきっかけに想定しなかった方向に事業が成長したり、といった好ましい事態もあるかもしれません。それがポジティブなものであれ、ネガティブなものであれ、こうした事前に見通すことができない結果が起こる状況は、起業家が直面する環境の不確実性の高さを意味しています。

コーゼーションの発想に基づくこれまでの経営学では、こうした不確実性への対処に共通する基本的方針として、「追加的な情報を収集・分析することによって、不確実性を削減させる」ことが目指されてきたことはすでに確認しました。不確実性は一般に、「職務を完遂するために必要とされる情報量と、すでに組織によって獲得されている情報量とのギャップ」[※1]と定義されていることから、情報量のギャップを埋めることで不確実性に対処できると考えてきたのです。それゆえコーゼーションのアプローチでは、行動を起こす前に、市場調査や競合分析、シミュレーションなど、さまざまな方法によってできる限り綿密に環境を分析し、結果の不確実性を削減したうえで、最適な計画を立てることが重視されます。それでも、さまざまな想定外の事態は起こりえますが、それは計画からの逸脱、コントロール可能性の喪失を意味するため、コーゼーションの発想ではできるだけ避けたいものと考えられるでしょう。

偶発性の活用を重視するエフェクチュエーション

一方で、エフェクチュエーションに基づく起業家は、自らを取り巻く環境の不確実性の高さを自覚したうえで、それが分析や予測によっては十分に削減できないものであることも認識しています。そのため、彼らの意思決定では、予期せぬ事態は不可避的に起こると考え、むしろ起こってしまったそのような事態を前向きに、テコとして活用しようとする傾向が見られました。こうした熟達した起業家の思考様式は、「レモネード（lemonade）の原則」と呼ばれます。

レモネードという名称は、「人生が酸っぱいレモンを与えるなら、レモネードを作れ

※1　Galbraith（1973）, 邦訳 p.9.

（When life gives you lemons, make lemonade.)」という英語の格言に由来するものです。※2
つまり、美味しい果物を手に入れたいと期待したにもかかわらず、酸っぱくて食べられないレモンしか手に入らないのなら、それは不都合な結果といえますが、だからといって手にしたレモンを捨てたりせずに、酸っぱいレモンはより美味しい飲み物を作る原料にすればよいという発想です。
同じように、必ずしも望ましくない予期せぬ事態が起こった場合、熟達した起業家は、それを避けようとしたり無視したりするかわりに、むしろそれを新たな行動のための資源として積極的に活用することで、新しい価値あるものやより望ましい成果を生み出そうとするのです。

3種類の不確実性

こうしたコーゼーションとエフェクチュエーションの不確実性に対する向き合い方の相違は、それぞれが前提とする不確実性のタイプの違いに起因していると考えることもできます。エフェクチュエーションを提唱したサラスバシーは、私たちが不確実性と呼んでいるものに、3つの異なるタイプがあることを、3種類の壺の例によって説明して

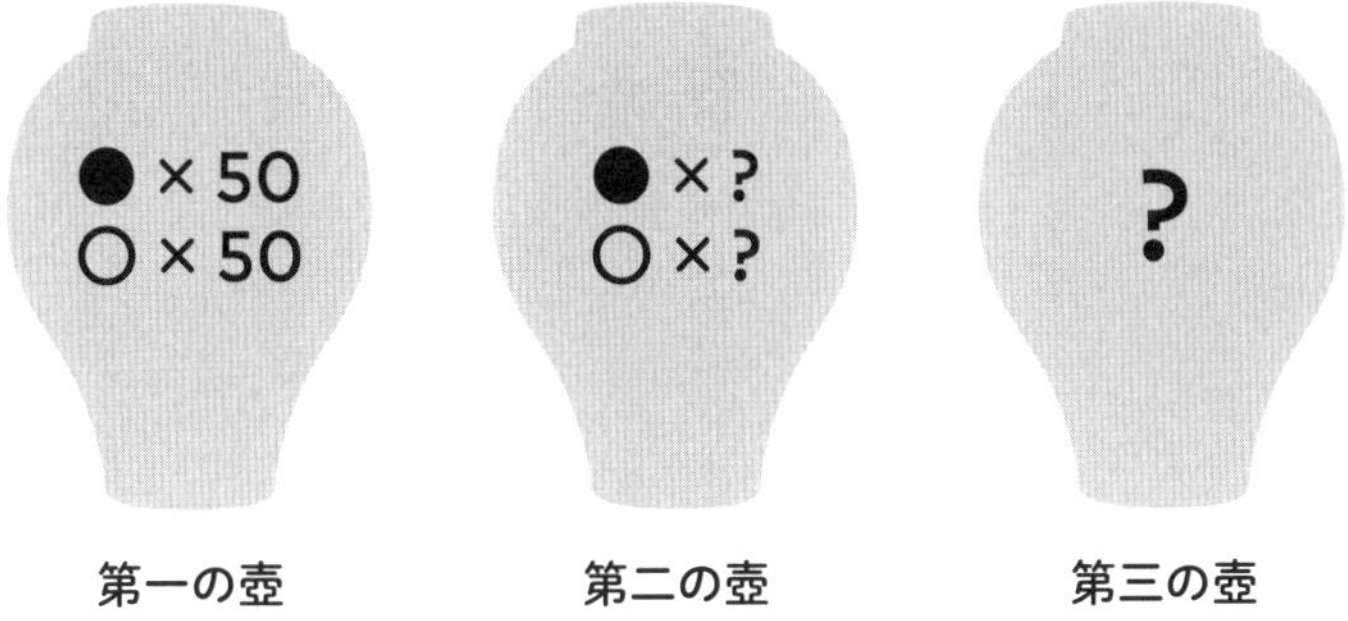

います[※3]。

ビジネスが成功するかどうかという不確実性の問題は、この例ではもっと単純なゲームの成功にたとえられます。それは、中身の見えない壷の中に手を入れて、赤いボールを引き当てたら勝ちで、賞金が獲得できる、というゲームです。それぞれ不確実性の程度が異なる、3つの種類の壷を考えることができます。

第一の壷では、壷の中に赤いボールが50個、緑のボールが50個入っていることがあらかじめわかっています。この場合、赤いボールを引き当てられるかどうかは

※2　Sarasvathy (2008), 邦訳 p.117.
※3　Sarasvathy (2001).

不確実であるものの、成功確率が50％であることは明白です。

第二の壷では、壷の中に赤いボールと緑のボールが、それぞれ何個ずつ入っているかも事前にはわかりません。この場合、結果が成功するかどうかの不確実性に加えて、成功確率も不確実であるといえます。ただし、ゲームにチャレンジをする前に試しに何度か引いてみることができれば、だいたい10回に2回程度赤いボールが出ることを学習することができるでしょう。つまり、追加的な情報を収集することによって、成功確率が約20％であると予測できるようになるのです。

最後に、第三の壷でも、事前に壷の中の赤いボールの数はわかりません。さらに第二の壷と同様に、試しにボールを引いてみることで成功確率を予測しようとしたところで、何度引いても一向に赤いボールが出てきません。そればかりか、緑のボールすら出ず、青いボールや黄色いボールなど、想定しなかった色のボールばかりが出てきます。こうした状況では、赤いボールが本当に入っているのかどうかさえ疑わしく、成功確率も知りようがありません。

予測によっては対処できない不確実性が存在する

第一の壷のように、成功確率が自明な事象というのは、現実のビジネスにおいてはありえないでしょう。しかし第二の壷のように、学習を通じて成功確率が予測できるようになる、と考えられるケースは、一定数存在するのではないでしょうか。その際には、追加的な情報を収集・分析することによって不確実性を削減する、コーゼーションに基づくアプローチが実際に有効です。確率を予測した結果、赤いボールが出る確率は20%と決して高くないことがわかった場合にも、失敗するリスクの大きさが明らかであるため、それに対して保険をかけるといった方法で、予測に基づいて不確実性に対処することが可能です。しかし第三の壷では、確率を数量的に表現したり、予測によって不確実性を縮減したりすることはできません。

実際には、この3種類の不確実性を区別したのは、フランク・ナイト（Frank Knight）という経済学者です。彼は、第二の壷にたとえられる、試行を繰り返したり同類の経験を多く集めたりすることで統計的確率を予測できるものは「リスク」にすぎないとし、これに対して、第三の壷にたとえられる計測不可能な不確実性こそが「真の不確実性」であり、こうした不確実性への対応こそが起業家が利潤を手にすることのできる源泉である、と主張しました[※4]（Knight 1921）。このことから、この第三の壷のように、計測不可能な真の不確実性は、「ナイトの不確実性（Knightian Uncertainty）」とも呼ばれます。

つまり、多くのビジネスで想定される不確実性（リスク）に対しては、コーゼーションの予測合理的なアプローチによって対処することが有効である一方で、起業家が生み出す新たな事業や市場といったものは本質的にユニークであり、同類の経験を多く集めて分析することによって不確実性を縮減することはできないのです。

予期せぬ事態を「手持ちの手段（資源）」として活用する

それでは、壷の中に赤いボールがいくつ入っているのかが本質的に不可知である、というナイトの不確実性に直面した起業家は、どのように対処すると考えられるでしょうか。偶然に与えられたものをテコとして活用するという「レモネードの原則」を適用するならば、次のように発想できるかもしれません。

たとえば起業家は、「赤いボールの個数を知っている人が誰もいない」という状況を積極的に活用して、他の人々の目を盗んで、自分がゲームに参加する前に大量の赤いボールを壷に追加することを企てるかもしれません。また、もし自分が追加するための赤いボールを持っていない場合には、持っている人を仲間に引き入れて、一緒にそれを行おうとするかもしれません。さらに、壷の中から予想外の青いボールばかりが出てくるのならば、赤ではなく青のボールを引き当てれば勝ち、という風にルールを変更できないかを交渉するかもしれません。[※5] このように起業家は、予測不可能なナイトの不確実性のなかでも、むしろ予期せぬ事態そのものを自らの手持ちの手段（資源）として取り込んで活用することで、実行可能な新たな行動を定義し、結果として実際に賞金を獲得できる可能性を高めることができるのです。

現実に起業家が経験する予期せぬ事態には、偶然の人との出会いや、情報の獲得、期待とは異なる結果を含むさまざまな出来事の発生など、いくつもの種類があるでしょう。こうした予期せぬ事態を、起業家は自らの手持ちの手段（資源）の拡張機会と捉え、たとえば予期せぬ出会いは「誰を知っているか」、予期せぬ情報や出来事は「何を知っているか」に加えたうえで、新しく「何ができるか」を発想しようとするのです。

※4　Knight（1921），邦訳 pp.297-303.
※5　ここでの例は、Sarasavathy（2001）に基づいています。

偶然がきっかけとなって生み出された科学的発見

実際に、偉大な科学的発見の歴史には、こうした予期せぬ事態の発生とその活用の事例がしばしば登場します。

著名な事例の1つは、イギリスの細菌学者アレクサンダー・フレミングによる2つの大きな発見です。フレミングは、1922年に、自らの鼻水を細菌が繁殖した培養液に垂らすことで、動物の唾液や卵白などに含まれている殺菌作用を持つ酵素「リゾチーム」の発見に至ります。そのきっかけは、風邪を引いたフレミングが、細菌を塗抹したペトリ皿にクシャミをしてしまったことだったといわれています。

ただし、リゾチームが効果を持つのはいくつかの無害な菌だけだったために、この発見は彼の期待に反して大きな関心を集めることはありませんでした。しかし、この経験を通じて、抗菌作用を持つ物質の効果を自分の目で「見た」ことが、もう1つの重要な発見にも活かされることになりました。それは、何百万人もの命を救うことになる抗生物質「ペニシリン」の発見でした。ペニシリンの発見も、そのきっかけはブドウ球菌を培養していたシャーレを放置している間に、そこに別の細菌が入り込んで青カビが生えてしまった偶然でした。発生した青カビの周囲で、リゾチームで観察したことのある抗菌作用を確認したフレミングは、アオカビに「ペニシリン」と名付けられる抗菌物質が含まれていることを発見、ノーベル生理学・医学賞の受賞に至りました。[※6]

２００２年にノーベル化学賞を受賞した島津製作所の田中耕一さんが、生物が持ったんぱく質などの高分子の質量分析に用いられる「ソフトレーザー脱離法」の開発に成功したきっかけにも、やはり予期せず起こってしまった偶然が影響していました。技術開発のために適切な補助剤（マトリックス）を探す実験をしていた田中さんは、ある日、グリセリンとコバルトの微粉末を誤って混ぜてしまいます。本来であれば使いものにならない試料として廃棄すべきところですが、「もったいない」と考えて分析したところ、ずっと探し求めていた結果が偶然にも得られたのでした。田中さんご自身もこの出来事を「まったくの偶然」と述べています。[※7] いずれの事例でも、意図された行動の結果からではなく、思ってもいなかった事態をきっかけとして、重大な科学的発見が生み出されていることがわかります。

※6　佐藤（2015）.
※7　田中（2003）.

失敗から生まれた世界的なヒット製品

このように予期せぬ事態をきっかけに成功が生み出された事例は、ビジネスの分野でもいくつも見ることができます。企業の製品・技術開発においても、当初は〝失敗〟と呼べるような予期せぬ結果が、その後に異なる形で活用されることで、より大きなイノベーションにつながることもあります。

そうした事例の1つは、3Mが発売する「ポストイット（Post-it）」です。現在は「付箋」として広く活用されているポストイットが開発された最初のきっかけは、1968年に同社の中央研究所で働いていた研究員、スペンサー・シルバーが開発した接着剤でした。ただし、彼が取り組んでいたプロジェクトの目標は、絶対に剝がれない強力な接着剤の開発であったにもかかわらず、彼が作り出してしまった接着剤は、よく着く反面、簡単に剝がれてしまうという性質を持つものでした。つまり、当初の目標に照らせば、完全な失敗作だったのです。しかし、その接着剤の特徴が、見たこともないユニークなものであったことから、シルバーは「他に何か使い道はないだろうか」と考え、社内のあらゆる部門の人たちに見本を配って、非公式に相談を持ち掛けました。すぐには具体的なアイデアが生まれませんでしたが、数年経った1974年の日曜日、コマーシャル・テープ製品事業部の研究員であったアート・フライが、教会で讃美歌を歌っていた時、歌集のページに挟んでいたしおりが滑り落ちたことをきっかけに、シルバーが開発した接着剤の具体的な用途を着想したのでした。フライは、同社の15％ルールと呼ばれる制度を活用して製品開発に着手し、2年の歳月をかけて製品を完成させました。1980年にはポストイットは全米で発売され、同社を代表するヒット製品の1つになったのです。※8

出口のなかった技術が世界的なイノベーションになる

国内にも、同様の事例を見出すことができます。現在パナソニックに年間数百億円のライセンス収入をもたらしている技術の1つである、「手振れ補正技術」として知られる振動ジャイロセンサーの技術もまた、レモンがレモネードに変換された事例の1つといえます。現在、世界中のあらゆる撮影デバイスに搭載されている手振れ補正の基本特

※8　3Mホームページ「ポスト・イット®ブランドについて」（https://www.post-it.jp/3M/ja_JP/post-it-jp/contact-us/about-us/）2022年9月15日参照。

許技術は、実はもともと異なる用途のために開発されたものでした。

1980年、当時同社の無線研究所に所属していた研究員の大嶋光昭さんが、もともとアメリカで原型が開発されていた振動ジャイロセンサーの改良発明に成功します。しかし、技術開発には成功したものの、当初出口として想定されていたカーナビの市場自体が十分膨らまないと判断した会社が、1982年に事業撤退を決めてしまったのです。自ら生み出した技術が出口を失ったことにショックを受けた大嶋さんは、その〝傷心旅行〟として友人と3人でハワイへ行き、会社から借りた当時珍しかった最先端の大きなビデオカメラで景色を撮影しながらドライブをしていました。その時、撮影をしていた友人が「手振れして仕方がない」と言ったことから、空間における回転を検知するセンサーであるジャイロが、その問題解決に使えることを閃き、さらに技術を改良して、撮影デバイス用の「手振れ補正」用技術としての新しい出口を見つけたのでした。その後、1995年にGPSが民生用に開放されるとカーナビ用ジャイロとしても実装されますが、そこでの営業利益が300億円であるのに対し、撮影デバイス用の手振れ補正用の技術は1000億円以上の営業利益を生む、より大きな市場となったのです。[※9]

偶然を活用するための4つのステップ

このように大きな成功のきっかけとなるような幸運な偶然は、一般に「セレンディピティ」と呼ばれます。ただし、すでに取り上げた事例からもわかる通り、偶然の出来事や情報はそれが起こった時点で、幸運なものだとみなされていたわけではなく、その発生自体が、偉大な発見やイノベーションの創出を保証するわけでもなかったことには注意が必要です。むしろ、予期せぬ事態が発生した時点ではそれは不都合な出来事として受け止められるものだったといえるでしょう。重要なのは、そうした欲しくなかったレモンを手にしたときに、それを捨てたり見落としたりするのではなく、別の可能性を考えて、新たな行動のための資源として活用することです。そのためのステップを整理してみたいと思います。

※9　大嶋（2010）.

・①予期せぬ事態に気づく

意図しない偶然の出来事や想定外の事態というのは、それに気づくかどうかに関わらず、おそらく誰にとっても同じ確率で起こっていると考えられます。もし、あなたが「自分にはこうした幸運な偶然が訪れない」と感じているのであれば、もしかしたら、予期せぬ事態が起こっていないわけではなく、好ましくないものとして無視したり、重要でないと感じて見落としたりしている可能性も十分考えられるかもしれません。

1つの予期せぬ事態が起こった時に、それが幸運な偶然なのか、そうでないのかは、その時点ではわかりません。一見してネガティブな事態も、それを活用する行動を伴うことで初めて、大きな成功につながる「幸運な偶然」に変換されるのです。

・②同じ現実に対する見方を変える(リフレーミング)

熟達した起業家は、コーゼーションの発想ではコントロールの喪失と捉えられるような予期せぬ事態に直面しても、むしろそれを手持ちの資源を拡張して新たな方向性を生み出す機会と捉えます。こうした見方の転換は、「リフレーミング」とも呼ばれます。

リフレーミングは、もともと心理療法で活用されてきた言葉であり、自身の認知や活動の枠組み(フレーム)が変わることによって、同じ出来事に対する受け止め方や反応の

仕方が新しいものに変わることを意味します。[※10]

ピーター・ドラッカーは、『イノベーションと企業家精神』のなかで、イノベーションの機会の1つは「認識の変化」であるとして、次のように述べていますが、これはまさにリフレーミングの問題であることがわかります。

「コップに半分入っている」と「コップが半分空である」とは、量的には同じである。だが、意味はまったく違う。「半分入っている」から、「半分空である」に認識を変える時、大きなイノベーションの機会が生まれる。[※11]

熟達した起業家は、同じ偶然の出来事に対してその捉え方を意図的に変えることで、積極的に可能性や機会を見出そうとするのです。

※10 Bandler & Grinder (1982)，邦訳．
※11 Drucker (1985)，邦訳 p.102.

・③予期せぬ事態をきっかけに「手持ちの手段（資源）」を拡張する

あらゆる予期せぬ事態は、手持ちの手段（資源）の拡張機会として捉えることが可能です。手持ちの手段（資源）は、「私は誰か」・「何を知っているか」・「誰を知っているか」という3つの要素を特徴としますが、たとえば、予期せぬ人との新しい出会いは、当然「誰を知っているか」を拡張するでしょうし、予期せぬ情報は、「何を知っているか」の拡張機会となるでしょう。また予期せぬ事態に直面して行動を見直さざるを得なくなる経験は、自身の行動の軸に改めて立ち返り、「私は誰か」を明確化する機会になるかもしれません。

こうして予期せぬ事態は、手持ちの手段（資源）に新たな要素を付け加える機会であるのと同時に、すでに手にしている自身の「手中の鳥」に気づく機会にもなりえます。

・④拡張した手持ちの手段（資源）を活用して新たに「何ができるか」を発想する

こうして、手持ちの手段（資源）が拡張的に変化したならば、エフェクチュエーションのサイクルに従い、それらの手段を用いて「何ができるか」をもう一度問い、新たな行動につなげることが重要です。もし以前には見えなかった新しい行動の可能性が生まれ、それを実行するならば、その先に、予期せぬ事態を活用したレモネードが生み出される可能性は十分にあるといえるでしょう。

そのために極めて重要なのは、あなた自身がその取り組みを意義あるものと考え、自分で決めて行動しているという前提です。自分で「何とか形にしたい」と考えている取り組みだからこそ、思ってもみなかった結果や失敗に直面した際にも、不都合な経験を受け入れたうえで、「何か新しくできる行動はないか？」を模索する態度が生まれると考えられます。逆に、その取り組みが気乗りがしないものだったり、誰かにやらされている感覚で取り組んでいるならば、最善を尽くしたにもかかわらず起きうる予期せぬ事態は、断念するための口実にしかならないでしょう。

それが自らにとって重要な取り組みであればこそ、たとえ想定外の失敗を含む不測の出来事が起こった場合にも、それすらを資源として活用することができるのです。

危機的な環境変化も手持ちの手段を拡張する機会と捉える

現実に、2020年以降のコロナ感染症の拡大とその長期化は、さまざまな産業や事業にとって大きなマイナスの影響をもたらしましたが、そうしたなかでも、こうした予期せぬ事態を積極的に活用することで、いち早く業績を回復させた企業がありました。

２０２０年5月14日に放映されたＮＨＫのテレビ番組「クローズアップ現代」では、それまで右肩上がりの成長を続けていたインバウンド（外国人観光客）需要が消失し大打撃を受けている観光業界の現状が特集されました。そのなかで、星野リゾートの社長である星野佳路さんは、インタビューに次のように回答されていました。

「過去の困難なときに発想してきたことが、今の私たちの力に実はなっているんですよね。今回も大変な、過去になかったような大きな事件だと思っていますが、この環境下においても、私たちは常に発想し続けて、常に次の収束したときにより強い施設になっていよう、より強い私たちの組織にしていくためにはどうしたらいいか。そういう発想をしていくことがすごく大事だと思います」

危機的な状況に直面した場合でさえ、それを単なる不幸な出来事と捉えるのか、自分たちの能力を高める学習機会と捉えるのかによって、その後の行動もその成果も、まったく異なるものになるだろうことは想像に難くありません。星野さんの発言は、まさに環境によってもたらされたレモンをレモネードの原料としようとする姿勢を体現したものだといえるでしょう。実際に、その後、星野リゾートはマイクロツーリズムのような新しい旅行需要の掘り起こしや新業態のホテルのオープンを含め、さまざまな新しい手を打ち出し、困難な環境のなかでも一早く業績を回復させせました。

レモネードの原則は「許容可能な損失の原則」を補完する

変化の激しい環境での実践や、新規性の高い取り組みにおいては、いくらリスクを分析するさまざまな手法を駆使して精緻な予測に注力しても、予期せぬ失敗や不都合な結果は起こりえます。前章で確認した「許容可能な損失の原則」は、こうした問題に対して、事前に最悪の事態で起きうる損失を想定して、ダウンサイドのリスクを許容できる範囲に留めようとする思考様式でした。

本章の「レモネードの原則」は、それでも想定しきれない不確実性を含む予期せぬ結果を、むしろ自らの手中の鳥を拡張する機会と捉え、より美味しいレモネードの材料にするためにテコとして活用することで、こうした「許容可能な損失の原則」を補完する形で機能します。

私たちは、理想的な手持ちの手段から始めることも、未来を完全に見通すこともできないかもしれませんが、偶然に与えられたものを活用することで、意味のある新しい行動を創り出すことはできるのです。

第5章

クレイジーキルトの原則

アイデアを事業機会へ変換する「行動」の重要性

これまで確認してきたエフェクチュエーションのプロセスを、ここで一旦振り返ってみましょう。まず、出発点となるのは、目的や機会ではなく、あなた自身がすでに持っている手持ちの手段（資源）、つまり、「私は誰か（Who I am）」、「何を知っているか（What I know）」、「誰を知っているか（Whom I know）」でした。そして、それらに少しひねりを加えることで「何ができるか」を発想し、具体的な行動のアイデアを生み出します。ただし、このアイデア発想の時点では、それが優れたアイデアなのか、有望なアイデアなのかを判断する必要はなく、むしろ、あなた自身がそのアイデアに実行する意味を見出せることが重要になります。

アイデア時点でその価値を評価することが重要でないのは、アイデアが本当に有望な事業機会となりうるかどうかは、そこに何らかのコミットメントを提供してくれるパートナーが獲得できて初めて、明らかになることだからです。たとえば、あなたが提供しようとする製品のアイデアに賛同して、実際にその製品を購入するという形でコミットメントを提供する誰かが現れるならば、それは「顧客」というパートナーが獲得されたといえるでしょう。逆に、アイデアとしてはいくら魅力的でも、最終的に顧客獲得ができきなければ、それは事業機会になりえません。時には、製品を購入してくれるはずだと期待した相手にアプローチをした結果、断られることもあるでしょう。その場合でも、もしその人が、他に顧客になってくれそうな誰かを紹介してくれるなど、別のコミットメントを提供可能ならば、営業の重要情報を提供してくれる、やはりパートナーが獲得されたと解釈されます。

このように「パートナー」という表現には多様な関係性が含まれており、「コミットメント」にもさまざまな種類の主体的協力が想定されます。しかし、どのようなコミットメントであれ、それを提供してくれるパートナーと呼びうる人々との関係が構築できることで、アイデアはその実効性を高め、有望な事業機会へと近づいていきます。したがって、アイデアの時点で良し悪しを評価すること以上に重要なのは、そのアイデアに進んで参画してくれる顧客をはじめとするさまざまなパートナーを獲得する行動であるといえるでしょう。

熟達した起業家が重視するパートナーシップ

こうした前提があるからこそ、エフェクチュエーションを活用する熟達した起業家の意思決定には、コミットメントを提供できるあらゆるステークホルダーと交渉して、パートナーシップを模索する傾向が見られました。

コーゼーションの場合は、まず行動に先立って、誰が顧客で、誰が競合なのかを定義したうえでさまざまなリサーチを行い、顧客とは関係を構築し、競合には対抗するための、最適な戦略が立てられます。これとは対照的に、熟達した起業家の意思決定には、マーケティングリサーチや競合分析を積極的に行わないという明らかな特徴が見られました。彼らは、いまだ市場が存在しない新規の事業であるならば、誰が顧客で、誰が競合になるかは、事後的にしかわかりようがないと考え、むしろ交渉可能な人たちとは積極的なパートナーシップを求めようとしていたのです。こうしたエフェクチュエーションを構成する思考様式は、「クレイジーキルト（crazy quilt）の原則」と呼ばれます。

近年では、スタートアップだけではなく、大企業においても、同業他社との戦略的パートナーシップや社外との連携に基づくオープンイノベーションが模索されるなど、パートナーシップの重要性はますます強く認識されるようになっています。ただし、エフェクチュエーションに基づくパートナーシップは、いくつかの特徴によって、コーゼーション的なパートナーシップとは区別されます。

自発的な参加者を重視する

エフェクチュエーションに基づくパートナーシップの第一の特徴は、自発的な参加者を重視することです。つまり、なんらかの報酬や強制によって参加するのではなく、パートナーが自ら進んでコミットメントを提供する関係性が大切だと考えるのです。これが重要な理由の1つは、エフェクチュエーションが前提とする不確実性の高い状況では、当初の期待通りに進まないという結果がしばしば起こるためです。

もちろん、事業の成功によるリターンを報酬として期待してパートナーシップが構築されることもあるでしょうが、そうした関係性は予期せぬ事態が起こったり、期待通りの結果が見通せないことがわかったりした時点で、継続することが困難になります。一方で、パートナーが自発的な参加者であれば、仮に予期せぬ結果が起こった場合でも、起業家と一緒に手持ちの手段を振り返って、もう一度新しく何ができるかを考えて、レモンからレモネードを作ることを模索できる可能性が高くなると考えられます。

自発的な参加者を重視するという特徴は、自らコミットメントを提供しようとする相手であれば、そのコミットメントがどのようなものであれパートナーとして歓迎することをも意味します。つまり、資金や技術など、あなたの事業に必要な資源を提供できる相手をパートナー候補と見なすだけでなく、逆に、そうではない人々も含む自発的な参加者に対して、「何を共創することができるだろうか？」と考えて、積極的に関わろうとするのです。

パートナーのコミットメントの形は多様である

自発的な参加者を重視する理由とも関わるのが、パートナーは実際には多様なコミットメントを提供しうる、という第二の特徴になります。不確実性の高い環境で試行錯誤するエフェクチュエーションのプロセスでは、あるパートナーが果たす役割は1つではなく、実際には、同じ人が複数の異なる種類のコミットメントを提供することも起こります。

今日では大企業として知られる会社でも、その創業期にはエフェクチュエーションに基づく意思決定が見られることも多くあります。たとえば、松下幸之助さんが22歳で松下電気器具製作所を起業したことから始まった、現在のパナソニックの歴史のはじまりにも、クレイジーキルト的なパートナーとの関係がありました。創業間もない松下電気器具製作所は、松下さんが発明した、「改良アタッチメントプラグ（アタチン）」と「二灯用クラスター（二股ソケット）」という2つの製品を家族で製造する、家内制手工業の体制でした。そこに、2つの製品に目を付けた大阪の吉田商店という大きな問屋がやってきて、総代理店契約を持ち掛けたそうです。つまり、「うちがその製品を一手に引き受けて広く売り捌いてあげましょう」、という流通のパートナーが自ら名乗りを上げてきたわけです。

それに対して、松下幸之助さんの返答は、申し出を承諾する、あるいは拒絶する、のいずれでもありませんでした。彼は、大量の製品を販売しようという大手の流通事業者に対して、「あなたがいくら売ってくれてもこと欠かぬように工場設備を拡張したい」と言って、商品供給する前に3000円の保証金支払いをもとめたのです。その資金で、松下電気器具製作所は、家内制手工業から、従業員20名を整えて工場生産を開始し、月産5000個の供給体制を確立するに至りました。[※1]

つまり、流通のパートナーであった自発的な参加者が、出資者に変換されたのです。

このように、最初は顧客や取引先という形のパートナーであった人々が、出資者になったり、別の顧客を紹介してくれたり、共同経営者として組織に参画したり、といった別

※1　米倉（2018）.

の重要な役割を担うようになることは、スタートアップや新たな事業の立ち上げ時期では決して珍しいことではないでしょう。

パートナーは資源だけではなくビジョンをもたらす

当初は起業家自身の手持ちの手段から始まったエフェクチュエーションのプロセスは、新たなパートナーシップが構築されるたびに、「何ができるか」を再定義しながらそのサイクルを繰り返します。

まず、パートナーの参加によって、彼らの手持ちの手段（資源）がプロジェクトに加わるために、手持ちの手段が拡張され、「私は誰か／何を知っているか／誰を知っているか」は、「私たちは誰か／何を知っているか／誰を知っているか」へと変化します。それに基づいて、「何ができるか」もまた拡張的に再定義されることになります。

一方でパートナーは、新たな資源だけではなく、新たな目的をもたらすことによっても、やはり「何ができるか」の方向性に影響を及ぼすことが想定されます。パートナーが自発的に参画する背景には、彼ら自身の成し遂げたい思いやビジョン、目的があると考えられるためです。このようにパートナーは、資源とビジョンの両方を新たにもたらすことで、エフェクチュエーションのプロセス全体の方向性に大きな影響を与え、その未来を起業家と共創していく役割を担うことになります。

自発的なパートナーが、ある企業において重要な役割を担うようになり、その企業の将来の方向性にも大きな影響を与えたエピソードを、もう1つの大企業の創業期の事例で見てみましょう。

1946年に東京通信工業株式会社として創業したソニーは、1950年に日本で初めて「G型テープレコーダー」を開発した会社でした。そこにある日、東京芸術大学音楽部声楽科の学生が、レコーダーの音質へのクレームを持ち込みます。彼は、バリトン歌手を目指す学生で、「音楽学校にはテープレコーダーは必需品である。バレリーナが鏡を見てレッスンをするように、音楽家は鏡のかわりにテープレコーダーを使って練習をしなくては駄目だ」といって大学を説得し、当時高額商品であったG型テープレコーダーを購入してもらっていました。しかし、いざ使ってみると、その音質は、人が話す声を録音するには差し支えないレベルでも、音楽的なものを録音するにはまるで使い物になりません。そこで、音質を改良するための具体的な仕様書を作って、事前に東京通信工業に提出し、創業者で開発者の井深大さんとの打ち合わせを取り付けたのでした。

井深さんは、音楽学校からかなり面倒な注文があり、その学生が来ているということで、当初は専門用語でまくしたてていい加減にあしらうつもりでいました。しかし実際にはその学生は、海外のさまざまな文献をよく読みテープレコーダーの技術的知識にも精通していたため、逆に噛みつかれてしまい、その学生の専門知識と人柄にすっかりほれ込んでしまったのでした。その後、この学生は無給の監督官という立場で、東京通信工業に出入りするようになり、大学卒業後は、東京通信工業の嘱託とバリトン歌手としての活動の二足のわらじを履きながら、西ドイツに留学してベルリン国立芸術大学音楽学部を卒業します。帰国後、1959年9月には盛田昭夫さん・井深大さんに誘われてソニーに入社すると、1年目にして、第二製造部の部長に抜擢されます。この元学生は、大賀典雄さんという方です。その後1964年に34歳で取締役に就任、CBS・ソニーレコード初代社長、ソニー商事株式会社社長を務め、ソニー株式会社社長・最高経営責任者・会長などを歴任した著名な経営者になりました。※2

このエピソードからは、当初は〝クレーマー〟のように見られていた、製品改良のためのコミットメントを提供する自発的なパートナーが、その後のソニーにとって極めて重要な役割を果たしただけではなく、当時の組織にはなかった、「音楽のソニー」という新たなビジョンを持ち込んだことがよく理解できるでしょう。

キルトづくりに似たエフェクチュエーションのパートナーシップ

こうした特徴を持つエフェクチュエーションのパートナーシップの考え方が、「クレイジーキルト」と呼ばれる理由は、それがさまざまな色や柄の小さな布切れ（パッチ）を縫い合わせて作品を作る、パッチワークキルトづくりにたとえて理解されるためです。そのなかでも「クレイジーキルト」は、ランダムな形の布切れをつなぎ合わせてユニークなデザインが作られるものを指します。

エフェクチュエーションのパートナーシップが「パッチワークキルト」であるのに対して、コーゼーション的なパートナーシップは、「ジグソーパズル」にたとえられます。ジグソーパズルの場合、完成すべき絵は最初から決まっていて、パートナーシップが重視されるのは、起業家が一人だけでは全てのピースを持っていない場合に、それを持っている人にパートナーとして作品作りに参加してもらう必要があるためです。

これに対して、パッチワークキルトの制作過程はまったく異なります。まず、それぞれのキルト作家は自分の好みで集めたさまざまなパッチの入った籠と、得意な技術を持

※2　大賀（2003）.

コーゼーションのパートナーシップ VS エフェクチュエーションのパートナーシップ

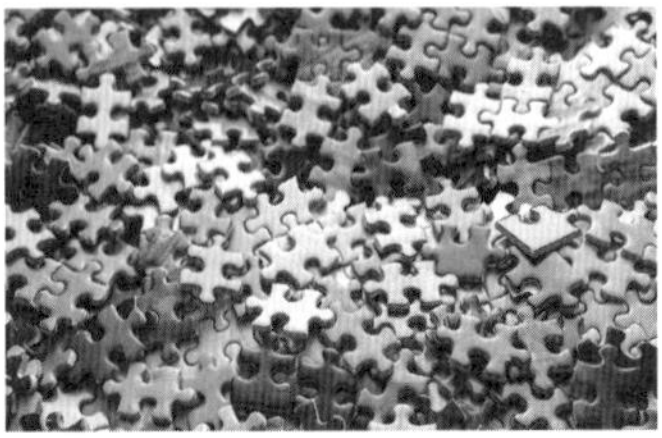

ジグソーパズル（Causation）

・完成させるべき絵は最初から決められている
・一人では全てのピースを持っていない場合、それを持つ人とのパートナーシップにより作品を完成させることになる

パッチワークキルト（Effectuation）

・籠に入ったさまざまな布きれ（パッチ）を、作家が美しく、有意味だと考えるやり方で並べることでデザインする
・大きな作品は、一人一人が異なる布きれの籠、好み、技術を持つ別のキルト作家と共同制作される
・その結果、当初は誰一人として最初には想像しなかった素晴らしいデザインがしばしば生み出される

写真：Adobe Stock

っており、それらを自らが美しく有意味だと考えるパターンに並べることで、作品をデザインしていきます。大きな作品は、一人一人が異なる布切れの籠、好み、技術を持つ別のキルト作家との共同作業によって制作されます。初めに個々の作家が作りたい作品のイメージを持っていることもあるでしょうが、実際には、誰かが偶然つなぎ合わせたパターンから新しいイメージが発想され、ともに議論をしながら作品を作っていく結果として、最初には誰も想像しなかった素晴らしいデザインがしばしば生み出されるといいます。

エフェクチュエーションもまた、参画するパートナーのそれぞれのコミットメントが成長していくキルトの1つ1つのパッチを構成し、同時にパートナーとの相互作用を通じて全体としての新たなビジョンがプロセスのなかで獲得されることで、当初は想像もされなかったデザインを含む、新たな事業や製品、市場などが形作られていくプロセスであるといえるでしょう。※3

「藁しべ長者」のようなエフェクチュエーションのプロセス

パートナーとの出会いを通じて、新しい資源とビジョンがもたらされることを繰り返し、最終的には思ってもいなかった結末を迎える、というエフェクチュエーションに近い展開は、私たちになじみ深い物語にも見ることができます。

「藁《わら》しべ長者」の物語は、「今昔物語集」などの古典にも登場する説話で、働けども暮らしが楽にならない一人の貧乏な青年が、篤く信仰している観音様に願をかけたところから始まります。すると夢のなかに観音様が現れ、「明日お前が初めに触ったものを持って旅に出なさい」というお告げを青年に授けました。喜んで飛び出した青年は石につ

※3　Sarasvathy (2003).

まずいて転び、つかんだものは1本の藁しべでした。それを持って進んでいくと、大きなアブが藁に近寄ってきて離れないので、仕方なくアブを捕まえて藁しべの先に結び付けてさらに歩いていきました。そこに、牛車に乗ったお金持ちの男の子が通りかかり、アブで動く藁しべを見て、「あのオモチャが欲しい」と一緒にいた母親に泣いてせがみます。青年は母親の頼みに応じて、藁しべを男の子に譲り、かわりに蜜柑を受け取りました。さらに歩くと、喉が渇いて行倒れている商人とその付き人がおりました。蜜柑はただの蜜柑ですが、その時の商人にとってはぜひとも欲しい貴重なものでしたので、青年がそれを差し出すとかわりに上等な反物をお礼に渡してくれました。その後も、反物が病気で弱った馬と交換され、また介抱して元気になった馬を貸してほしいと大きな屋敷の主人に頼まれ、かわりに留守を預かった屋敷には何年経っても主人が戻らなかったため、最終的に青年は裕福な暮らしを手に入れることができた、というハッピーエンドの物語です。

　多くの人がご存じだろうこの物語とエフェクチュエーションからは、共通する重要な示唆をいくつも得ることができます。まず、この青年、あるいは起業家がすでに手にしているものの価値というのは、自分だけでは決められないことです。むしろ、起業家の手持ちの資源やアイデアの価値は、その時にどのようなパートナーと出会い、そうした

(参考)藁しべ長者

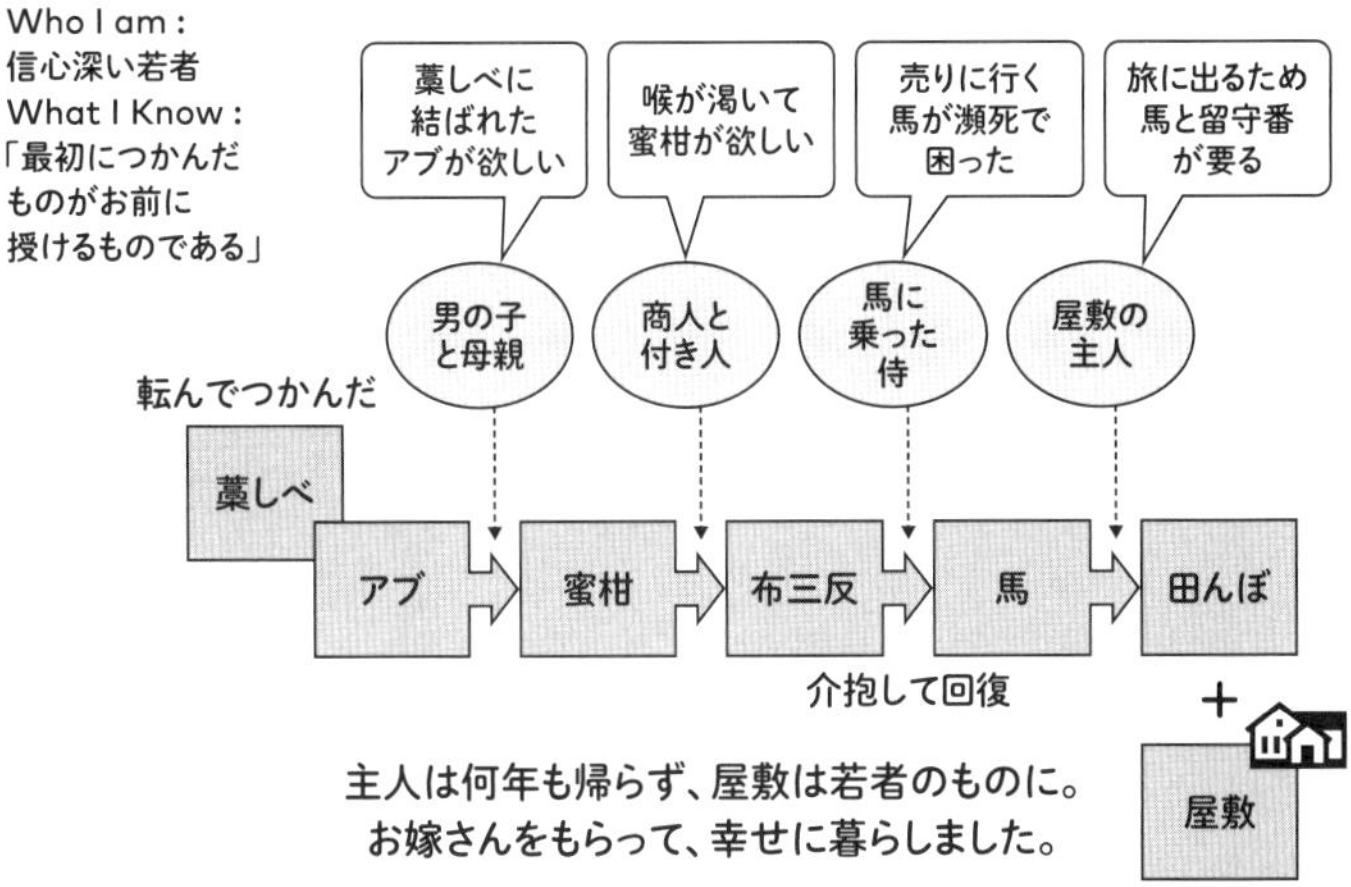

パートナーが起業家の資源やアイデアにどのような価値を投影するかによって、まったく違った、より大きな価値へと繰り返し変換される可能性に開かれているといえます。

さらに、そのプロセスは偶発性を伴うために、因果論的な目的手段関係では説明できないことです。たとえば、藁しべを持っていたからといってそれが蜜柑に交換される保証はありませんし、お屋敷を手に入れたいからといって馬を用意するという発想もナンセンスでしょう。

ただし新しい価値は、一人だけで実現されることは決してなく、手持ちの手段を携えて新たな行動を起こし、人々と出会い、他者と意味のある関係性を模索することで偶発性を活用しようとする働きかけによって生み出されていました。一本の藁しべを手にした青年が、最終的に長者になるためには、彼が先へ進むための行動を始めて新しい人々と出会い、相互作用を生み出すことが極めて重要だったのです。

「ほとんどの人は受話器を取って電話を掛けようとはしない」

最後に、結果が不確実であっても、むしろ不確実であるからこそ、行動を起こすことが重要であることを主張する、一人の起業家の言葉をご紹介したいと思います。シリコンバレー歴史協会が所有する映像のなかに、1994年にアップル創業者のスティーブ・ジョブズに対して実施されたインタビューがあります。[※4]そのなかで、彼は「ほとんどの人は、受話器を取って電話を掛けようとはしない。そして、それこそが時に、物事を成す人たちと、それを夢見るだけの人たちを分けるものなんだ」と語っています。

実際には、これは彼の中学生時代のエピソードに基づくものです。12歳当時のジョブズは、機械などのモノづくりに熱中している少年でした。通っていた中学校でもエレクトロニクス・クラブに所属し、メンバーと一緒に撮影した写真も残っています。ある時、彼は周波数カウンターという機械をどうしても自分で作りたい、と考えていましたが、それに必要な部品には、一般の中学生が入手できないものがありました。そこで彼が活用できる「何を知っているか」が2つありました。1つは、周波数カウンターを製造しているメーカーの1社が、ヒューレット・パッカード社であり、同社には確実に部品があるだろうということでした。もう1つは、ヒューレット・パッカード社の創業者の一人、ビル・ヒューレット氏は、お金持ちの有名人だったので、自分と同じパロアルト地区に住んでいることを知っていたことでした。そこで、家にあった電話帳を彼の名前で引くと、1件しか該当する番号がなかったので、そこに電話を掛けました。たまたま本人が在宅していて受話器を取ったので、自己紹介をして、周波数カウンターの部品を分けていただけませんか、とお願いをしたところ、ヒューレット氏は笑って承諾してくれて、ジョブズ少年は大いに喜んだ、というのが、上記の発言にある「受話器を取って電話を掛ける」という逸話です。

ただし、現実の展開はこれだけでは終わりませんでした。ジョブズ少年とのやり取りのなかで、彼は本当に周波数カウンターが大好きなのだと感じたヒューレット氏から、

※4　Silicon Valley Historical Association「Steve Jobs on Failure」というタイトルの映像でYouTubeでも公開されています（https://www.youtube.com/watch?v=zkTf0LmDqKI）2022年9月20日閲覧。

今度はもう1つ別の提案がなされました。それは、ヒューレット・パッカード社の周波数カウンター工場の製造ラインで、夏休みのアルバイトとして働かないか、という問いかけでした。もちろんジョブズ少年はこれに飛びつき、夢のような夏休みを過ごしたと言います。さらに、こうして中学生時代に工場の製造ラインのアルバイトとして始まったヒューレット・パッカード社との関係性は、高校生になっても、本社のインターンシップとして継続しました。そして、スティーブ・ジョブズが高校時代に出入りしていた同社で、当時エンジニアとして働いていたのが、スティーブ・ウォズニアックだったのです。われわれの多くが知っているように、二人は意気投合し、後に共同でアップル・コンピュータを立ち上げます。

つまり、彼が先のインタビューのなかで語っているのは、こういうことでしょう。多くの人は「部品を分けてください」という電話を掛けるという行為は、たわいもないことだと感じたり、あるいは厚かましいことだと感じたりといったさまざまな理由から、実際に実行に移す人は少ないかもしれません。しかし、あの時ジョブズ少年が電話をかけなければ、おそらくアップルという会社は存在しなかっただろう、と考えられるのです。

未来は不確実で予測できないため、当初思い描いていた通りには進まないことが多い一方で、何気ないパートナーとの相互作用が、想像もしなかった展開へとつながる可能性もまた、未来が不確実であるからこそ十分にあると考えることができるのです。

第6章

パートナー獲得のための行動：問いかけ（asking）

パートナーに対する2つのアプローチ

第5章では、「クレイジーキルトの原則」と呼ばれる、エフェクチュエーションにおけるパートナーシップの考え方を整理しました。パートナーが自発的な参加者として、新たな資源と目的の両方をもたらすことで、「何ができるか」の方向性と実効性に対して大きな影響を与えることを確認できましたが、それでは具体的に、起業家はどのようにパートナーのコミットメントを獲得する行動を起こせばよいのでしょうか。

エフェクチュエーションにおいて、コミットメントを得るためのパートナー候補への働きかけは、「ask」や「asking」と呼ばれます。これは何かを求めて尋ねることを指しますが、日本語では「問いかけ」と訳すことができると考えています。コーゼーションの発想に基づいてパートナーシップを模索しようとする際には、「売り込み（selling）」が重視されがちであるのに対して、エフェクチュエーションではそれとは異なるアプローチである「問いかけ（asking）」が重視されます。

まずは、「売り込み（selling）」と「問いかけ（asking）」という2つのアプローチの違いを、ある事業アイデアを持つ起業家が、自らの事業にとって必要な資源を持つパートナー候補からのコミットメントを獲得しようとしている、という状況の例で確認してみたいと思います。

コーゼーションに基づく「売り込み（selling）」

コーゼーションの場合には、事前に定義された目的を達成するために、分析や予測に基づいて最適なアプローチを追求する発想であるため、事業アイデアもよく練られた最善のものが求められるでしょう。そこでパートナー候補に対して協力を求める際にも、それがいかに優れているのかを積極的に説明することで事業アイデアやビジョンを売り込むこと（selling）が重視されがちです。たとえば、出資をしてくれそうな投資家や、開発に必要な技術を所有する研究者といったパートナー候補のコミットメントを獲得したい場合には、まずは自身の事業アイデアやビジョンを明確化して、それを積極的に売り込み、共感が得られれば必要な資源（資金や技術）の獲得に成功することが期待されます。逆に、もし共感が得られなければ失敗であり、同様の資源を提供可能な別のパートナー候補を模索することが検討されるでしょう。

つまり、コミットメントを獲得しようとする行動の結果は、成功か失敗のいずれかであり、基本的には一人のパートナー候補に対して一回きりの交渉が想定されています。

エフェクチュエーションに基づく「問いかけ（asking）」

これに対して、エフェクチュエーションの場合には、アイデアは起業家自身の「手持ちの手段（資源）」と「許容可能な損失」に基づいて生み出された「何ができるか」であり、また後に繰り返し再定義される可能性に開かれた、暫定的なものにすぎません。そして起業家のパートナー候補に対するアプローチでは、どのような形であれば相手とともに未来を創っていくことができるか、をオープンに問いかける（asking）ことが重視されます。

たとえば、必要な資源（資金や技術など）の提供を期待してパートナー候補にアプローチをする場合にも、相手のコミットメントが可能かを問いかけて、その結果もし期待した資源が得られなかったとしても、必ずしも失敗とは考えません。なぜならば、同じ相手に対して、どのようなコミットメントであれば可能かを繰り返し問いかけて、もし期待した資源とは違っても別のコミットメントを獲得できるならば、やはりパートナーシップの構築と見なすことができるためです。

また場合によっては、パートナー候補のほうが、起業家自身は当たり前に思っていた手持ちの手段（たとえば、ユニークなスキルや、アイデアを形にするために必要な時間や体

「売り込み（selling）」と「問いかけ（asking）」の違い①

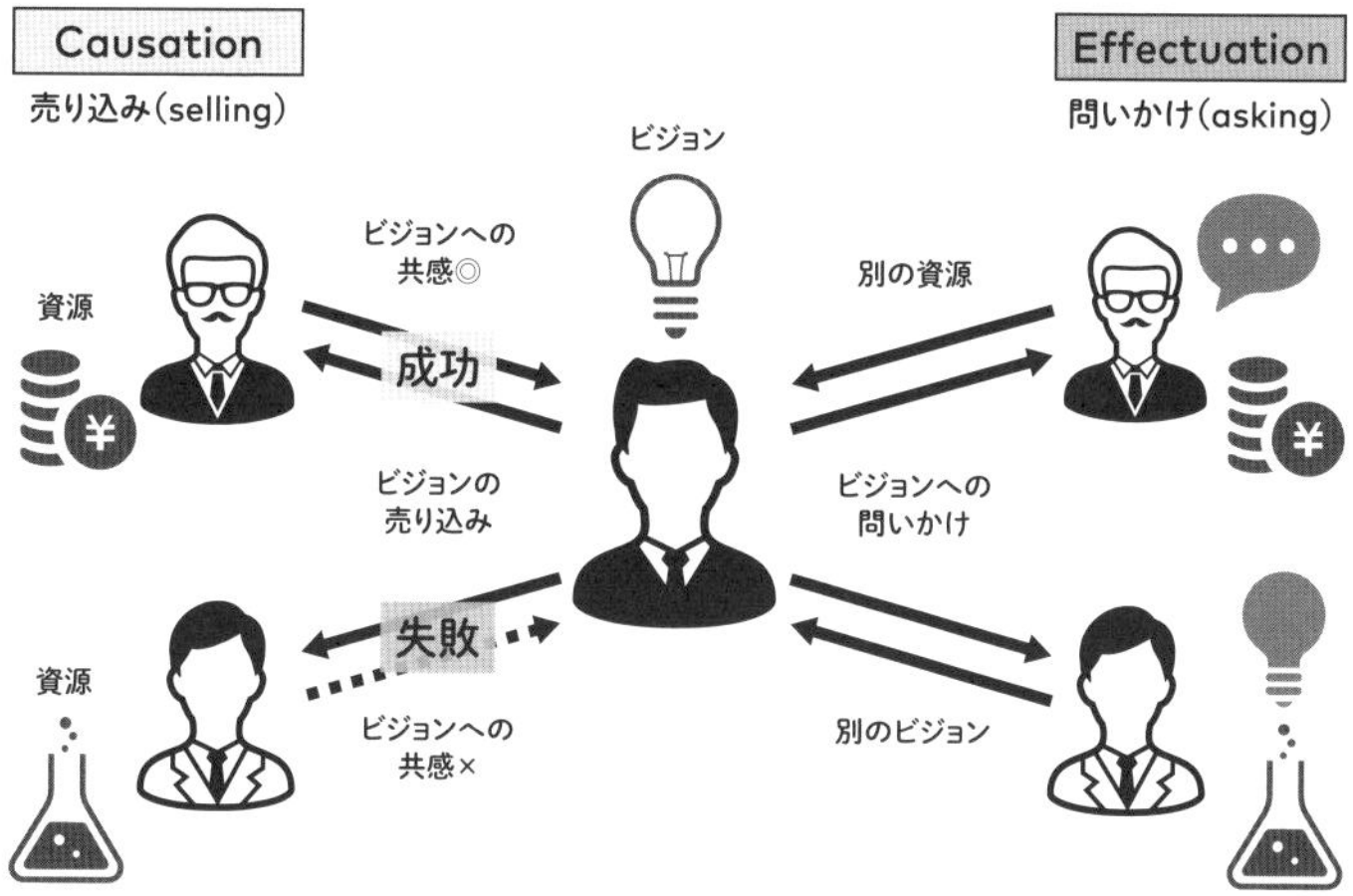

力など）に大きな価値を見出して、自らが実現したいアイデアを起業家と一緒に形にできないか、と問いかけてくることもあるかもしれません。この場合には、起業家が当初考えていたアイデアから、パートナーがもたらした新しいアイデアを実現するための取り組みへと事業がピボットされる可能性もあるでしょう。

　そして、こうした多様な形の望ましいパートナーシップを模索するためには、起業家が自らのアイデアを積極的に説明すること以上に、相手の話をより多く聞くことが、極めて重要になります。どのような資源の提供であれば、相手が許容可能なのか、思いやビジョンを含む、どのような手持ちの手段（資源）を相手は

「売り込み（selling）」と「問いかけ（asking）」の違い②

Causation (selling)	Effectuation (asking)
1. **ビジョン（目的）**の明確化	1. 手持ちの手段&許容可能な損失で**できること**の明確化
2. 実現に必要な資源の明確化	2. **未来を共創**してくれる人々を特定
3. **資源を提供**できる人々を特定	3. **問いかけ（asking）**
4. **売り込み（selling）**	4. 新たな**資源**or**ビジョン**の獲得 → **「何ができるか」の再定義**
5. 必要な資源の獲得orその失敗	
・成功するか、失敗するか	・期待した資源が得られない=失敗ではない
・**1回**きりの関係	・**繰り返し**訪問し、別のコミットメントの提供を問いかけることができる
・アイデアを**積極的に説明**し売り込み、あなたを買ってもらう必要がある	・より多く**話を聞く**ことで、相手が提供できる資源やビジョンについて理解する必要がある

持っているのか、といった点について理解できて初めて、お互いにとって意味ある取り組みを共創できるといえるでしょう。

出資を断られたことで11億円を調達する

起業家の問いかけ（asking）について、具体的な事例を通じて理解を深めたいと思います。クラウドソーシングサービスを提供する株式会社クラウドワークスCEOの吉田浩一郎さんは、2011年に同社を創業後、翌年には3億円の増資に成功し、事業は順調に成長していたものの、吉田さん自身はいっそう成長スピードを上げる必要を感じていました。ただ、どうすればよいかの打ち手がわからず、出かけた書店で出会ったのが、ライフネット生命を創業した岩瀬大輔さんが出版された『132億円集めたビジネスプラン』という本でした。

その本のなかで、132億円を集めた投資家の谷家衛さんの名前を知った吉田さんは、自身の「誰を知っているか」のなかで谷家さんを知る方に頼み込み、面会の機会を取り付けます。会ってすぐに、クラウドワークスの事業を説明し、「私も132億円集めたいんです」と率直に伝えました。しかし、30分ほどできっぱり断られてしまいます。「東大・ハーバード大学のビジネススクール出身で、金融とコンサルの世界で生きてきた岩瀬さんとは違うのだから、目指す相手が違う」と言われて、吉田さんは傷ついたそうですが、そこで落ち込んで退散しただけならば、単なる失敗に終わったでしょう。

しかし、吉田さんは谷家さんに、もう1つ別の問いかけを行いました。それは、「じゃあ私は誰を目指せばいいんですか？」という質問でした。多くの優れたベンチャー経営者を知っている谷家さんにとってはおそらく返答可能な、しかし、初対面の吉田さんに答える義理は必ずしもない質問でした。それでも谷家さんは少し考えた後に、「サイバーエージェントの藤田さんがいいんじゃないかな？　人間力で組織を率いるタイプの経営者を目指したほうがいいよ」と言ってくれました。吉田さんは感謝を述べ、今度はまた人づてに頼み込んで、サイバーエージェントの創業経営者である藤田晋さんと面会を取り付け、事業に関するまったく同じ説明をしました。すると今度は、30分もたたないうちにサイバーエージェントのファンドから10億円の出資が決まり、そこに外部の資金が加わって、合計11億円の調達が実現したのでした。その後、吉田さんは藤田さんのアドバイスに従い、クラウドワークスは2014年12月に東証マザーズへの上場も果たすことになります。

パートナーもまた「手中の鳥」と「許容可能な損失」の範囲でコミットする

吉田さんの谷家さんへの問いかけの例でも見ることができるように、エフェクチュエーションを活用する起業家は、当初期待したものとは違っていたとしても、相手と交渉をして何らかのコミットメントの獲得を模索しようとします。谷家さんは当初の吉田さんが期待したような直接の出資者にはならなかったものの、サイバーエージェントの藤田さんの情報を提供してくれたことによって、クラウドワークスが増資を獲得するプロセスにおける重要なパートナーであったといえるでしょう。

この事例から学ぶことのできるもう1つの重要な点は、高い不確実性を伴う取り組みを行う起業家が、まずは手持ちの手段（資源）と許容可能な損失の範囲で行動するのと同じように、問いかけられたパートナー候補もまた、手持ちの資源と許容可能な損失の範囲でコミットメントを行う、ということです。

その点について理解を深めるために、クラウドワークスの創業時に吉田さんが行った、もう1つの問いかけの事例を見てみましょう。同社が事業とする「クラウドソーシング」とは、インターネットを使って不特定多数の個人に仕事を発注することができる仕組みであり、仕事を発注したい側（主に企業）と、受注したい側（主にエンジニアやデザイナー等のフリーランスの個人）との間を取り持つマッチングサイト「クラウドワークス」によって、その仕組みを提供しています。これは一般に、ツーサイド・プラットフォーム（two-sided platform）と呼ばれるプラットフォーム・ビジネスであり、発注側にとっては優れたエンジニアやデザイナーが多く登録しているサイトほど魅力的であるため、より多くの発注を行うことが期待されますし、受注側にとってはよい仕事を発注してくれる企業が多いサイトほど魅力的であるため、より多くの優れたエンジニアやデザイナーが登録することが期待されます。つまり、取引を行う両サイドの利用登録者が増えていけばサービスの価値も高まる「ネットワークの外部性」によって、好循環が生まれますが、逆に、サービスの立ち上げ時点では、発注側と受注側の両方が不在の状態からどうやって集めるのかに困難が伴います。

吉田さんはもともと法人営業が得意な方でしたが、最初に集めたのは仕事を受注してくれるフリーランスの側でした。そのために吉田さんは、世の中でエンジニアやデザイナーとして活躍している著名な方々をリストアップして、その一人ひとりに対して問いかけを行いました。そうした人々のなかには、プログラム言語Rubyで有名なエンジニアや、iPhoneアプリ開発で名人として知られる人物、天才ハッカーとして名を馳せている学生をはじめ、上場企業のエンジニアや外資系クリエイティブ企業のデザイナーも含まれていましたが、彼らに対して「クラウドワークスに登録をしてもらえませんか」と問いかけたわけではありません。そのような依頼であれば、多忙な彼らにとって許容可能な損失を超えるものとして、受け入れ難いものだった可能性も高いでしょう。そのかわりに、吉田さんが著名なエンジニア・デザイナーに対して行ったのは、「エンジニアがフリーランスとして仕事ができる未来の働き方を、一緒に作ってもらえませんか」という問いかけでした。具体的には、SNSで直接彼らにアプローチをして、クラウドワークスの事業の趣旨を伝え、もし賛同していただけるならば彼らの写真をサービス提供サイトのトップページに掲載させてもらえないか、と問いかけたのです。

その結果、多くの著名なエンジニアやデザイナーの写真がクラウドワークスのサイトのトップページに掲載されることになり、それを見て事前登録をするプロフェッショナルのエンジニア、デザイナーの数は、サービス開始前の2012年2月時点で1300名以上に上りました。そして吉田さんは、「これだけのプロが集まっている」というリストを携えて企業を回り、仕事を発注する企業約30社を集め、同年3月、クラウドワークスのサービスが開始されたのです。[※1]

相手が経済的な見返りを求めているとは限らない

パートナー候補として他者に問いかけを行う際に、相手に対して何も見返りを提供できない、と考えて躊躇する人もいるかもしれません。しかし、相手が期待したコミットメントを提供してくれるのか、それがどのような理由によるものなのかは、結局のところ相手が判断する問題であるといえます。また、先のクラウドワークスのサービス立ち上げ時の逸話に見られるように、協力をしてくれる相手が、必ずしも直接的なリターン

※1　吉田（2013）.

や経済的な見返りを期待しているとは限らない場合も多いのではないかと考えられます。たとえば、起業家一人では実現できないような価値ある未来を自分が参画することで現実にできると考えるとき、自分では十分に認識していなかった自らの手持ちの手段の価値を起業家が評価してくれるとき、あるいは、起業家のビジョンに共感して単純にワクワクした気持ちを感じるとき、問いかけを受けたパートナーにとって、もしコミットメントが許容可能な損失の範囲にとどまるのであれば、見返りがなくとも協力をする理由は十分にあるのではないでしょうか。

社会心理学の実験結果からは、私たちが見知らぬ人に対して何かを頼むとき、他人が直接の助けの要求に応じる可能性を過小評価する傾向があることが明らかにされています。具体的には、アンケートに協力を依頼する、携帯電話を貸してもらう、キャンパス内の体育館まで案内してもらう、といった突然の依頼に対して、実際に依頼をした実験参加者の学生たちは、その成功確率を約50％も低く見積もっていたのです。[※2] 直接誰かに助けを求める場合、意外に協力が得られやすい理由は、それを断ること（援助をしないこと）の社会的コストのほうが実際には大きいためとも解釈されていますが、同時に、難なくできる行動であれば、助けに応じる側がそれによって満足や自尊心の向上といった心理学的なメリットを得られやすいためであることも指摘されています。[※3]

起業家的熟達の基礎としての「問いかけ（asking）」

実は、こうした問いかけ（asking）の重要性は、エフェクチュエーションが提唱されるきっかけとなった意思決定実験から発見されたわけではなく、その後の学会での議論を通じて明確化されてきた経緯があります。そのきっかけとなったのは、２００９年に学術雑誌『ジャーナル・オブ・ビジネス・ベンチャリング（Journal of Business Venturing）』に掲載されたロバート・バロンによる論文でした。サラスバシーらの研究グループは、同雑誌に掲載された別の論文で[※4]「熟達した起業家は意思決定の際にエフェクチュエーションの論理を使用するようになる」ことを示唆しますが、バロンは、熟達者（エキスパート）とは「長年の意図的な練習（deliberate practice）によって独自のパターンマッチングやパターン認識のスキル」を身につけて領域内で優れた成果を出す個人[※5]であるため、エフェクチュエーションのどのような具体的な活動が起業家的な熟達の基

※2　Flynn & Lake, (2008).
※3　Grant (2018).
※4　Dew et al. (2009).
※5　Chase and Simon (1973), Ericsson et al. (2006).

礎になるかを特定する必要がある、と批判しました。

サラスバシーらは、このバロンの指摘を「正当かつ重要なもの」と受け入れたうえで、不確実性への対応に熟達するうえで最重要の活動こそが「the Ask」、つまりは「問いかけ（asking）」である、と結論づけたのです。[※6]

なぜならば、資源獲得の成功／失敗に焦点を合わせる売り込み（selling）とは異なり、問いかけ（asking）によって他者の多様なコミットメントを獲得できれば、事前の予測が不可能な状況下でも、取り組みの実効性をパートナーとともに高めて実際に優れた起業家的成果に結びつけられると考えられるためです。また、新しいビジネスを立ち上げるために、「誰に」「何を」問いかけるかは状況によってさまざまですが、「どのように」問いかけるかについては継続的な実践と改善が可能です。たとえば、最初はピッチのように一方的に資源提供を求めるアプローチしかできなくとも、起業家が経験を積むことで、相手が求めるものや一緒に取り組めることをオープンに模索するようなアプローチ、すなわち共創的な関係を構築する問いかけ（co-creative ask）へと変化し、パフォーマンスを高めることにつながると主張されました。

実際に、問いかけ（asking）には、熟達に必要な意図的な練習の基礎となる、「目的を持った練習（purposeful practice）」の6つの必須要件[※7]を満たしていることも確認されました。

つまり、パートナー獲得のために他者に問いかける行動は、うまくいったかどうかの結果のフィードバックを得ながら、繰り返し練習可能であり、また学習や支援を得ながら工夫することで、すぐにはできないことも一人でできるようになっていく、という意味で、目的を持った練習に当てはまっているのです。

問いかけ（asking）は、意識せずとも日頃から実践しているという人もいるでしょう。一方で、誰かに何かを頼むこと自体に苦手意識を感じる、最初はうまくできない、と感じる人も多いでしょう。しかし、それこそがエフェクチュエーションの活用、起業家的な熟達にとって最も重要な、上達可能な要素であるため、自分にとって許容可能な損失の範囲で、ぜひ繰り返し練習をしていただければと思います。

※6　Dew et al.（2018）

※7　Ericsson（2018）によればそれは、①活動が、目標とするパフォーマンスに有意味に関連したタスクに分解または変換されていること、②活動を繰り返し練習することができること、③練習はパフォーマンスを向上させるという大きな目的によって動機づけられていること、④パフォーマンスに関するフィードバックが利用可能であること、⑤練習の活動はパフォーマーの現在のスキルレベルを考慮したものでなければならないこと、⑥活動は熟達の蓄積に関連した「最近接発達領域」（Vygotsky 1978）内のものでなければならないこと、です。意図的な学習には、これらに加えて、⑦練習は目標とするパフォーマンスを達成するために他の人をうまく訓練したことのある教師によって監督され、設計されていること、が要件として追加されます。

第7章

飛行機のパイロットの原則

熟達した起業家の世界観

エフェクチュエーションを構成する5つの原則として、最後に説明するのは、「飛行機のパイロット（pilot-in-the-plane）の原則」です。一言で述べるならば、「コントロール可能な活動に集中し、予測でなくコントロールによって望ましい成果に帰結させる」という思考様式になります。

これまですでに確認してきたエフェクチュエーションの4つの思考様式は、「何ができるか」を発想する際の「手中の鳥の原則」、行動へのコミットメントを決定する際に用いる「許容可能な損失の原則」、他者との相互作用における「クレイジーキルトの原則」、予期せぬ事態に対処する際の「レモネードの原則」といったように、それぞれが不確実性を伴う具体的な意思決定の局面で活用されるものでした。それに対して、「飛行機のパイロットの原則」は、そもそも不確実な未来に対して熟達した起業家が持つ世界観を反映したものであり、上記の4つの思考様式によって駆動されるエフェクチュエーションのサイクル全体に関わっているものと理解できます。

その世界観とは、次のようなものです。コーゼーションとエフェクチュエーションのいずれもが、未来を望ましい形にコントロールすることを目指していますが、コーゼーションが「不確実な未来のなかで、予測可能なものは何か」に焦点を合わせるのに対して、エフェクチュエーションは、「予想できない未来のなかで、コントロール可能なものは何か」に焦点を合わせます。※1

言い換えると、コーゼーションの思考では、「予測できる範囲において、われわれは未来をコントロールできる」ことを前提に、不確実な未来を何とか予測しようと努力することで望ましい結果を得ようと考えがちです。これに対して、エフェクチュエーションを活用する熟達した起業家は、不確実な未来に対して、「コントロールできる範囲において、予測は不要である」ことを前提に、未来は人間の行為によって作られるものだと考え、自分たちがコントロール可能な要素に働きかけることを通じて、未来の環境の一部を創造する行動に集中し、望ましい結果に帰結させようと努力するのです。

たとえば、サラスバシーの意思決定実験に協力した熟達した起業家は、いまだ市場が存在しない製品を事業化する意思決定に際して、市場調査のデータを基に最適なセグメントをターゲットに選択しようとする、といった予測的なアプローチを誰一人として用

※1　Sarasvathy (2008), 邦訳 p.120.
※2　Sarasvathy (2008), 邦訳 p.51.

いませんでした。[※2] むしろ、彼らがとったのは、たとえば「誰を知っているか」のなかで最初の顧客になりそうな人を想定して電話を掛ける、といった、コントロール可能な手持ちの手段に働きかけて、さらにコントロール可能性を高めようとする行動だったのです。

こうした思考様式に特徴づけられるエフェクチュエーションは、「非予測的コントロール（non-predictive control）」の論理ともいわれています。

不確実性に対処するパイロットの重要性

予測ではなくコントロールによって望ましい結果を帰結させる、というエフェクチュエーションの世界観は、なぜ「飛行機のパイロット」と名付けられているのでしょうか。それは、不確実性にコントロールによって対処することの重要性を、まさに航空機に必ずパイロットが搭乗しているという事実が象徴しているためです。今日、あらゆる航空機には高度なオートパイロットシステム（自動操縦機能）が搭載されているため、計画通りに進む限りにおいてはオートパイロットによる巡行が可能です。それにもかかわらず必ずパイロットが搭乗する理由は、たとえば計画された航路を外れてしまった場合など、何らかの不測の事態が発生した場合でさえ、パイロットが操縦桿を握ることで対処できると考えられているためだといえます。

エフェクチュエーションの文脈でパイロットにたとえられるのは、言うまでもなく、プロセス全体を推進する起業家です。パイロットとしての起業家は、航路通りに進んでいるのか、想定外のことが起こっているのかを含めて、さまざまな計器の数値や視界の変化から状況を常に察知しながら、操縦桿を握って飛行機を自らコントロールすることに集中し続けます。言い換えれば、起業家は、未来に起こるだろう結果の予測や、過去の成功・失敗ではなく、まさに「いま・ここ」に集中して、望ましい結果を導こうと行動するのです。

こうしたエフェクチュエーションにおけるパイロットの役割とは対照的に、予測に基づいた最適な計画の策定を重視するコーゼーションの発想は、起こりえる事態を事前に分析・想定することで、オートパイロットシステムを設計しようとする発想に近い、ともいえるかもしれません。そこでは目的地にたどり着くための計画策定とシステム設計こそが重要で、パイロットはその実行者にすぎません。これに対して、エフェクチュエーションの発想では、予期せずして巻き込まれた乱気流のなかでも、実行可能で、意味のある行動を意思決定し続ける起業家自身の主体的なコントロールこそが、航空機が飛び続けるために絶対不可欠な条件になります。

想定外の偶然をテコとして活用する「レモネードの原則」や、パートナーの獲得を通じて新たな方向性を共創していく「クレイジーキルトの原則」は、ともすれば行き当たりばったりや他人まかせではないか、という誤った印象を与えるかもしれません。しかし、そもそもパイロットが、偶然の出来事や出会いを通じて創発する新しい可能性を見逃すことなく、そこから意味のある結果を生み出すために常に操縦桿をコントロールし続けるからこそ、こうした外部環境からもたらされる要素を取り込んで、望ましい成果を生み出していくことが可能になるといえるでしょう。

世界を変えることができるのは一握りの人間か？

ただし、未来が予測できないのであれば、それをコントロールすることで望ましい結果を導けばよい、と考えるエフェクチュエーションの世界観は、起業家の自信過剰や高い自己効力感を反映した発想ではないか、と解釈されるかもしれません。つまり、自らの行動を通じて実際に環境に影響を及ぼすことのできる人物だからこそ、そのように考えるのではないか、とも思われるわけです。

実際に、1994年にアップル創業者のスティーブ・ジョブズは、自らを取り巻く世界のコントロール可能性についてインタビューで次のように語っています。

「世界とは変わることのないもので、人生とはそのなかであまり壁にぶつからずに生きるべきものだと考えられがちだ。でも、それはとても限定的な意味での人生であり、ひとつのシンプルな真実を発見しさえすれば、人生はずっと広くなる。その真実とは、あなたが人生と呼ぶ周りのあらゆるものは、賢さにおいてあなたと大差ない人々によって作られた、ということだ。だから、あなた自身もそれを変えたり、影響を及ぼしたり、他の人にとって有用なものを作ったりすることができる、ということだ[※3]」

確かに、多くの人々が自明であり変えられないと思っている世界に、このような見方をすることができれば、人生や取り巻く環境に対する私たちの態度は、ずっと主体的な

※3　Silicon Valley Historical Association「Steve Jobs Secrets of Life」というタイトルの映像でYouTubeでも公開されています（https://www.youtube.com/watch?v=kYfNvmF0Bqw）２０２２年9月20日閲覧。

ものへと変わるでしょう。そして、彼が人生を通じて創り出したいくつもの製品・事業が実際に世界を変えた事実は、この言葉に大きな説得力を与えています。

ただし、ジョブズが多くの人がそう思っていないという前提で語っているように、私たちのほとんどは、これほど大胆に世界に影響を及ぼすことができるとは、信じていないように思われます。ジョブズの言葉を聞いても、それは彼の能力や性格、自信ゆえにいえることであり、自分には当てはまらない、と真に受けない人もいるかもしれません。逆に、彼の言葉に大いに鼓舞されて、世界を変えるつもりで行動したものの、思うようにならない現実の壁にぶつかり、頭を抱えてしまう人もいるかもしれません。

自らを取り巻く半径2メートルの世界を変える

結局のところ、世界のなかで、自らの行動を通じて好ましい影響を与えられる範囲は存在していたとしてもごく一部にすぎず、コントロールの及ばないより大きな範囲が存在していることを私たちは当たり前のこととして受け入れています。しかし、自分ひとりの力で影響を及ぼすことのできる範囲が限定的であることを十分に理解したうえでなお、熟達した起業家は、世界に対して無力感を感じたり、能動性を失ったりすることはないように思われます。それは、エフェクチュエーションの論理に体現された、環境に対して自らの行動を通じて影響を及ぼすための具体的なプロセスを、彼らが知っているからだと考えられます。

実際に、コントロール可能性に集中することで望ましい結果に帰結させる、という「飛行機のパイロットの原則」は、他のエフェクチュエーションの4つの原則を組み合わせることで実行されます。

まず起業家は、「何がコントロール可能で、何が不可能か?」を考えたうえで、コントロール可能な要素に集中して、新しい行動を生み出そうとします。「手中の鳥の原則」と「許容可能な損失の原則」は、いずれもこうした発想に基づいていることがわかるでしょう。自らがすでに獲得している手段に基づく行動は、未入手の資源を前提とする計画よりもコントロール可能性が高いため、手持ちの手段に基づいて「何ができるか」を発想するというのが、「手中の鳥の原則」でした。また、将来どのようなリターンが得られるかよりも、現時点での自分がどのような損失を覚悟できるかのほうが、やはりコントロール可能性が高いため、後者を基準に行動へのコミットメントを行うのが「許容可能な損失の原則」でした。

こうしてコントロール可能な範囲で新たな行動を生み出すと、それは起業家が直接・

間接に相互作用を行う人々、たとえば周囲2メートルにいるような局所的な他者に対して影響を与えることでしょう。そして、そうした他者から得られた新たな反応によって、起業家自身の環境へのコントロール可能性は高まっていくことになります。こうした行動の結果に対するフィードバックを含めて、さまざまな外部環境の要素を取り込んでいく思考様式が「クレイジーキルトの原則」と「レモネードの原則」だと捉えることができます。

「クレイジーキルトの原則」によって、相互作用をした相手から自発的なコミットメントを獲得できれば、起業家の手持ちの手段と「何ができるか」は拡張し、環境に対するより大きなコントロール可能性を手にすることができるでしょう。また、結果として予期せぬ事態が起こった場合でも、「レモネードの原則」によって偶然を機会として活用して新たな行動を生み出すことで、もともとの計画に固執する場合よりも、状況に対するコントロール可能性を高めることができるでしょう。

このようにエフェクチュエーションのサイクルは、5つの思考様式の実行を通じて環境に対するコントロール可能性を徐々に高め、その結果として取り組み全体の実効性を高めていくプロセスなのです。

パイロットが有効に機能する問題空間

コントロールによって望ましい結果に帰結させるパイロットの役割が理解できたところで、それがどのような状況下でとりわけ重要かを、明確化しておきたいと思います。オートパイロットシステム（コーゼーション）とパイロット（エフェクチュエーション）の両方を活用できる場合、どのような問題がパイロットでなければ対処できないといえるのでしょうか。

エフェクチュエーションがとりわけ有効に機能する問題空間には、大きく3つの特徴があると考えられています。[※4] 第一に、未来の結果に関する確率計算が不可能である「ナイトの不確実性（Knightian uncertainty）」、第二に、選好が所与ではない、もしくは秩序だっていない「目的の曖昧性（Goal ambiguity）」、第三に、どの環境要素に注目すべきか、あるいは無視すべきかが不明瞭である「環境の等方性（Isotropy）」です。

第一の「ナイトの不確実性」については、第4章ですでに説明しました。それは経済学者のフランク・ナイトが「真の不確実性」と呼んだ、そもそも結果についての確率判

※4 Sarasvathy (2008), 邦訳 pp.88-94.

断が不可能な状況を指しています。たとえば、既存市場の特定のセグメントのなかで、何％の人が特定のブランドを購入する可能性があるか、といった問題であれば、市場調査によってその発生確率を予測することが期待できるかもしれません。しかし、それが誰も購入したことのないユニークな新製品の場合には、何％の人が実際にそれを購入するかを正しく予測することは不可能です。このように発生確率を数量的に表現することができず予測に頼れない状況では、コーゼーションでは限界がありますが、予測が不要なエフェクチュエーションを活用することはできます。

第二の「目的の曖昧性」は、矛盾した複数の目的を持っていたり、目的が不明瞭であったりするために、秩序だった目的に基づいた首尾一貫した選択を行うことが困難な状態[※5]を指しています。たとえば、最初から明確な機会や具体的な目的が見えているのであれば、それを実現するための最適な手段を合理的に追求するコーゼーションの発想で進めればよいわけですが、そもそも起業家自身にとっても、そうした機会やその目的が必ずしも明確でない場合もあるでしょう。ありたい姿は見えていても、そのために何を目的とすべきかには複数の選択肢がある場合もあるでしょうし、実現すべき複数の価値が対立して両立が困難な場合もあるでしょう。こうした状況では、目的達成のために最適な手段を追求するコーゼーションは困難ですが、コントロール可能な要素から着手して、世界や他者との相互作用を通じて目的自体を形成していくエフェクチュエーションで進むことはできるでしょう。

第三の「環境の等方性」とは、意思決定や行為を行ううえで、環境に存在するどの情報が注目に値しどの情報がそうでないかが、必ずしも事前にはわからないような状態を意味します。たとえば、起業家が顧客や他のステークホルダーが求めるものを把握して、それに適合的な意思決定をしたいと考えても、そうした情報は実に多様で、また時に矛盾するものが含まれているため、さまざまな要素のどこに注目し、どこを無視すべきかについて、判断できないといった事態が考えられます。

こうした問題は、これまでにはなかった新しい製品を事業化しようとする過程でも、しばしば経験されることでしょう。たとえば、世界で初めての即席めん「チキンラーメン」を開発した日清食品の創業者・安藤百福さんは、1970年に米国市場に進出した際に、膨大な費用をかけて市場調査をしました。その結果は、「アメリカ人は動物性タンパク質を好むから、でんぷん主体の麺類に成長性はない」ことを示していた一方で、「65%の人が購入意向を示したので、商品企画や販売方法次第では売れる可能性もある」

※5 March and Olsen,（1976）; March,（1982）.

というどっちつかずの内容で、まったく役に立たずに失望した、というエピソードが残っています。[※6] こうした状況では、環境から集めた情報に適応する形で最適なアプローチを選択しようとするコーゼーションの発想では困難であり、むしろ自らの行動を通じて実効性を高めていくエフェクチュエーションが有効です。

コーゼーションとエフェクチュエーションの使い分け

ただし、ほとんどの民間旅客機にオートパイロットシステムとパイロットの両方が存在するように、コーゼーションとエフェクチュエーションは、どちらか一方があらゆる状況で有効であるわけではなく、両方を状況に応じて使い分けるべきであるといえます。

すでに述べた3つの条件を伴う問題空間においては、パイロットが自らコントロールに集中するエフェクチュエーションが求められますが、起業家の目的が明確に定義されたり、環境が安定してさまざまな分析を通じて最適なアプローチが予測できる状況へと変化するならば、コーゼーションもまた十分に有効な意思決定の論理となるでしょう。

実際に、エフェクチュエーションを提唱したサラスバシーも、「その企業が生き残り、成長するにつれて、特にその企業が創出した新たな市場をさらに活用し、長期での競争優位を構築するためには、その企業のマネジメントはよりコーゼーションに基づくものになっていく必要がある」[※7]と述べ、企業のライフサイクルに伴い、どちらの論理を用いるかが変化することを想定しています。

つまり、起業家が新たな事業に着手した段階では、市場も企業もいまだ存在しませんし、未来の予測可能性はほぼゼロに等しいため、必然的にコントロール重視の戦略を選択することになります。とりわけ活用できる資源に制約がある場合には、起業家の意思決定はよりエフェクチュエーションに偏重したものとなるでしょう。ただし、そのスタートアップが、たとえばベンチャーキャピタルなどの公式のステークホルダーを説得する段階になると、何らかの将来予測に基づいた事業計画の策定を求められることもあるでしょう。さらに、事業が成功した結果、その企業が生み出した新たな市場が安定する段階になると、市場分析と予測的な情報に基づいた計画的な経営が可能になると期待されます。このように、長期にわたって存続する企業では、そのライフサイクルのどこかの時点で、エフェクチュエーションが優勢なモードからコーゼーションが優勢なモード

※6　安藤百福発明記念館編（2013），pp.80-81
※7　Sarasvathy（2008），邦訳 p.177.

へ、と変化していくことが考えられます。

ただし、こうしてコーゼーションによるアプローチで成長して大企業となった組織が、その後もよりコーゼーション偏重で存続できるとは限りません。その企業が生み出した新しい市場が成熟する段階になると、他社が開発をした革新的新製品が登場するなどして、環境における不確実性が再び高まる可能性があるためです。そうした状況で、予測合理性のみを重視した意思決定をし続ける企業には脆弱性が生じ、エフェクチュエーションに基づいてまったく新しい技術や製品を生み出す別の企業の台頭により、それまでの事業基盤を一気に失ってしまう恐れもあるでしょう。つまり、市場の成熟期には、大企業も再びエフェクチュエーションを活用して、新たな事業機会を創造していく必要に迫られるのです。

コーゼーションとエフェクチュエーションの関係については、サラスバシーが最初に発表した論文のなかでも、「コーゼーション的推論とエフェクチュエーション的推論は、常に逆方向に作用するわけではなく、むしろ両者は補完的に機能する」ことが指摘されています。[※8] より近年の研究でも、両者は異なる論理であるものの、使い分けがなされるべき補完的関係にあることがいっそう強調されるようになりました。[※9] ただし、こうした環境の変化に応じて意思決定に活用される論理が自然と変化するわけではなく、エフェクチュエーションとコーゼーションの両方を理解したうえで、意図的に切り替える能力が重要であることも指摘されています。[※10]実際に、外部環境に対応して企業全体として優勢な論理が切り替わるのか、それとも2つの論理が組織のなかの異なる領域やメンバー間で併存しながら環境に適応していくのかを含めて、エフェクチュエーションとコーゼーションの組み合わせについては、今後の研究を通じてより理解が深まっていくことが期待されます。

ただし一方で、豊富な経験を積むにつれて、起業家自身はますますエフェクチュエーションに熟達し、好んで用いるようになることも想定されています。[※11]不確実性を伴うチャレンジにおいては、環境の変化から目を離すことなく自ら操縦桿を握って対処し続けることが重要であり、そうすることによって起業家は、熟練したパイロットのように、どのような不測の事態でもコントロールによって望ましい結果へと導いていけるようになるのです。

※8　Sarasvathy (2001), pp.254-255.
※9　たとえば、Corner & Ho (2010), Fisher (2012), Andries et al. (2013), Dutta et al. (2015), Maure et al. (2021)など。
※10　Reymen et al. (2015).
※11　Dew et al. (2009).

第 8 章

エフェクチュエーションの全体プロセス

世界中の人々が宿泊する〝氷のホテル〟はどのように生まれたか

これまでに確認してきたエフェクチュエーションの5つの原則は、個別に活用されるだけではなく、全体として組み合わせられることによって、サイクルとしてのプロセスを回していくことが重要です。それがどう機能するのかについて理解を深めるために、本章ではケース教材としてサラスバシー自身も取り上げている事例を通じて、その全体プロセスを確認したいと思います。[※1]

それは、北極線から北に200㎞の位置にあるスウェーデンのユッカスヤルヴィという人口700人の小さな村に12月〜4月の冬の間に作られる「アイスホテル」の事例です。アイスホテルは、その名の通り、ほぼ全てが近くを流れるトルネ川から切り出した氷と雪で作られたホテルで、春には消えてなくなるため、翌11月に再び新しいデザインのアイスホテルが作られます。イギリスのナショナル・ジオグラフィックチャンネルでは、「地球上で最も驚くべきホテルの1つ」と評されました。[※2]

ホテルの室内気温は-5〜-7℃の氷点下ですが、宿泊客はチェックイン時に渡される防寒着で過ごし、夜はトナカイの皮で覆われたベッドで極地仕様の寝袋にくるまって、快適に眠ることができます。朝は、温かいリンゴンベリージュースで目覚め、チェックアウト時には、氷点下の環境で一晩を過ごした証明書が全員に手渡されます。[※3] ホテル内には結婚式を挙げることのできるチャペルや、ウォッカを楽しめる「アイスバー」もあり、それらの内装やグラスも全て氷で作られています。この氷と雪だけで作られた美しい空間で一晩を過ごすという、他では味わうことができないユニークな体験を求めて、年間5万人以上の観光客がこの地域を訪れ、約2万人が宿泊しています。[※4]

氷が作られるトルネ川は、スウェーデンでは数少ない手つかずの自然が残る未開拓の川の一つであり、毎秒370m速度で流れるその澄んだ水が強烈な寒さのなかで凍るため、クリスタルのように気泡のない透明な氷が作られます。氷が最も厚くなる毎年2〜3月に1×2メートル、重さ約2トンの大きな氷のブロックとして4000個以上が切

※1 以降の事例の内容は、Sarasvathy (2009 a. b. c), Gelter (2008), Garcia-Rosell et al. (2019) ICEHOTEL ホームページ, "YNGVE BERGQVIST – FOUNDER OF ICEHOTEL", (https://www.icehotel.com/incredible-story-about-yngve-bergqvist-founder-icehotel) および引用元の資料に基づいています。

※2 National Geographic 'Megastructures' documentary, 2006

※3 ICEHOTEL プレスキット 2021 (https://www.icehotel.com/sites/cb_icehotel/files/2021-07/Presskit_ENG_2021.pdf). 2022年9月20日閲覧。

※4 「ベッドは氷、客室は氷点下 北極圏の『アイスホテル』」2020年2月27日, AFP BB News (https://www.afpbb.com/articles/-/3270457) 2022年9月20日閲覧。

り出され、翌冬のアイスホテルの建設まで倉庫で保管されるほか、65％の氷は世界中の大都市でも展開しているアイスバーの事業の内装や氷の材料として輸出され、その地域の冬の最大の輸出商材にもなっています。

こうしたアイスホテルは、ユッカスヤルヴィという地域ならではの自然環境を資源として活用した観光事業の成功事例であり、近年注目を集めるサスティナブル・ツーリズムの先駆けともいえるでしょう。ただし、それが生み出された時点では、起業家自身を含む誰一人として、こうした事業機会を見通していたわけではありませんでした。

趣味から始まったラフティング体験事業

アイスホテルを創設したのは、イングヴィ・ベリークヴィスト（Yngve Bergqvist）という一人の青年でした。彼は、初めてスキーのためにユッカスヤルヴィを訪れた1970年代半ば以来、その土地の手つかずの美しい自然環境に魅了されていました。その後、環境エンジニアとしてユッカスヤルヴィの北17㎞にある都市キルナの鉱山会社LKABに就職します。ただし5年ほど勤めた頃、彼はこのまま自分の人生を大企業での仕事に費やすことはしたくない、と考えるようになりました。そして、毎週末ユッカスヤルヴィを流れるトルネ川でラフティングをすることで、仕事のストレスを解消していました。

ある日、通りすがりの観光客からボートに乗せてほしいと頼まれたことをきっかけに、ラフティング体験を提供することがビジネスになるのではないか、と考え始めます。そこで、観光案内所で働く知り合いに相談をして、毎週末の朝に観光案内所を訪れる観光客に、ラフティング体験を提案するという行動を始めます。もし仮に利用客が獲得できなかったとしても、ベリークヴィストが失うものはほとんどなかったといえるでしょう。

実際には、行動の結果は期待以上のもので、彼はほぼ毎回の利用客を獲得し、そこから安定した収入も得られるようになりました。そしてラフティング体験の事業が軌道に乗って初めて、彼は鉱山会社での仕事を辞めて、仲間とともにカヌーセンターを起業し、夏季には40名の従業員と30のボートを抱えるまでに事業を拡大させます。やがてユッカスヤルヴィは、ヨーロッパでも最古のラフティングスポットとして、夏には約5千～6千人がカヌーやラフティング、釣りを楽しみにやってくる地域になりました。

不測の事態と冬の観光資源の探索

しかし短い夏が終わり冬になると、川は堅い氷に覆われてしまうため、ラフティングはできません。さらに1986年にはラフティング中の事故が発生し、予約が激減するという不測の事態に見舞われます。ベリークヴィストは、事業のコンセプトを見直し、夏季の稼ぎを補うために客足が遠のく冬季にも、別の観光資源を生み出す必要に迫られました。

しかし、スウェーデン北部の極寒の冬は、光にあふれた短い夏とは対照的に、暗く恐ろしいものという認識が強く、地元の観光業者でさえ冬の誘客は不可能と考えていました。それでも、「足元を掘れ、まだまだできることがある（Dig where you stand–much still remains undone.）」をモットーとする彼は行動し続けます。

すると冬の北極圏には、オーロラを観測するために日本人観光客が訪れていることがわかりました。そこで東京のスカンジナビア観光局にツアーを企画する旅行会社の情報を求め、行き着いたのがサカタ氏でした。サカタ氏との出会いをきっかけにスウェーデン北部にも日本人観光客が訪れるようになり、また日本には、冬に全国から多くの観光客を集める「さっぽろ雪まつり」というイベントがあることを教わります。

そして1988年にさっぽろ雪まつりの会場を訪れたベリークヴィストは、巨大な氷像・雪像とそれを見に押し寄せた多くの観光客を目のあたりにしました。雪と氷であれば、自分たちの地域にもっとふんだんにあると考え、またホテルで出会った旭川市出身の氷の彫刻家とも意気投合した彼は、ユッカスヤルヴィで冬に、より大規模な氷の彫刻のアートフェスティバルを行うという構想を描きます。翌冬に2人の日本人アーティストをユッカスヤルヴィに招いて氷や雪といった素材の扱い方を学び、また氷の彫刻をつくる国際的なアーティストの関心も惹きつけ、複数のメディアの取材も受けました。それまで冬の観光資源が何もなかったユッカスヤルヴィには、氷や雪で作られた見事な彫刻作品が並び、欧州中から観光客が詰めかけることになりました。

計画通りでなかった氷のアートフェスティバル

アートフェスティバルの前夜は、寒く晴れ渡った夜でした。ベリークヴィストの家族や村の人々は、美しい氷の彫刻が完成する様子に感動し、翌朝の開催に心を躍らせていました。しかし、当日想定外の事態が起こります。

翌朝6時に目覚めたベリークヴィストが耳にしたのは、不穏な音でした。外に飛び出すと、その地域では冬にほとんど観測されたことのない雨が降っていて、気温は7度に上昇していました。最悪の事態に怯えながら会場に向かうと、スタッフたちが雨を凌ごうとアート作品の上にシートを広げて、ベリークヴィストに指示を求めました。すでに観光客やメディアが多く集まる会場で、その日のために準備をした作品が崩れかかっている最悪の事態でした。

その時彼は、再び自らのアイデンティティに立ち返ることになりました。彼は自然が大好きで、だからこそ環境エンジニアの仕事や、ラフティング体験の提供、そして、トルネ川の氷と雪を活かしたアートフェスティバルを企画してきました。そして、自分が「自然は人間の思うようにならない、だからこそ面白い」と考えていたことを再認識したのです。彼は意を決して、スタッフに伝えました。「壊れるに任せよう。それが解けてしまったら、その時に何か新しいものを作ろう」

フェスティバルの会場には、氷を削り出すための道具と技術を持つアーティスト、来場した多くの人々と、豊富な雪と氷がありました。ベリークヴィストたちは、氷の彫刻を作る道具を手にすると、人々にアプローチしました。来場者にも氷を削り出す技術を教えて、一緒に新しいものを作り出すワークショップを提案したのです。

参加したあるグループは氷の彫刻を作る技術を学び、別のグループは氷のブロックを積み上げて「イグルー」(北極圏の住民が作るドーム型の簡易住居)を作り始めました。夜になったとき、イグルーを完成させたグループが、そのなかで一夜を明かそうと、他の人々を招き入れました。入ってみると氷のドームによって外気が遮断されたイグルーの内部は、意外にも寒くも暗くもありませんでした。むしろ半透明の氷を透過して入ってくる光が揺らめいて、幻想的で夢のように美しい空間だったのです。

氷のアートギャラリーからアイスホテルへ

結果として、氷の彫刻のアートフェスティバルは失敗に終わったものの、氷の建物を作る新しい技術を習得し、イグルーのなかで素晴らしい経験をともにした人々のグループは、翌年以降もユッカスヤルヴィに集まって活動を継続しました。1990年には、250平方メートルの円筒形のイグルーのなかで、フランス人アーティスト、Jannot Derid のアート展が開かれました。イグルーは、「アーティック・ホール」と名付けられ、何百人もの来場者が氷で作られたアートギャラリーを訪れました。

また同時期に、海外から来たゲストが、キルナで開催中の全国スキー選手権のためにホテルが満室で泊まれなくなる、というハプニングも起こります。ベリークヴィストはアーティック・ホールでの宿泊を提案し、承諾したゲストが寝袋とトナカイの毛皮で一夜を過ごしたところ、それは想像よりもずっと快適で魅了されるような体験でした。そこからアイスホテルのアイデアが具体化していきました。1992年から1993年にかけて、最初の本格的なアイスホテルが建設され、ベリークヴィストと仲間たちは、アイスホテルＡＢという会社を設立しました。

10月末から始まるアイスホテルの建築では、まず地元のアーティストや建築家が建物全体の構造を作ります。建材には、自然の雪と氷に加えて、「snice（スニス：snow ＋ ice の意）」と呼ばれる機械で作られた雪も使用されるようになり、春になっても屋根が崩れることのないよう、アーチ型の鋼鉄製の型枠をベースにした構造が開発されて特許も取得しました。建物がほぼ完成すると、スウェーデンの国内外から集められたアーティストが、窓やドア、柱、家具、ランプ、そしてさまざまな彫刻を含む内装を、独自のスタイルで制作します。１つ１つの部屋自体が氷のアート作品であり、多くの訪問者を惹きつけるアイスホテルの大きな魅力になっています。１９９２年には氷のチャペルも建設され、年間約１５０件の結婚式と20件ほどの洗礼式が行われ、２００６年には通算第１０００回目となる結婚式が執り行われました。こうしたアイスホテルの事業規模は、やがて夏のラフティング体験事業を超える規模にまで成長します。

アブソルート・ウォッカとのパートナーシップ

アイスホテル内に作られたアイスバーが、その後、世界各地にも展開されることになった経緯には、スウェーデンを代表するウォッカブランド「アブソルート・ウォッカ」との重要なパートナーシップの構築がありました。

ベリークヴィストはかねてから、海外からの観光客が訪れるアイスホテルと、スウェーデンを象徴するアブソルート・ウォッカとを結び付けたいと考えていました。当初提供企業は、まったく関心を示しませんでしたが、アイスホテル内にはすでに1994年からアブソルート・ウォッカを飲めるアイスバーが設置され、そのメインの装飾は、巨大なアブソルート・ウォッカのボトルを模った氷の彫刻でした。ベリークヴィストたちは、プロカメラマンが撮影したバーの写真を使ったプレスリリースを米国とドイツの各1000社に送付し、それが掲載されたメディアが提供企業の目に留まり、ようやくパートナーシップの可能性が見出されます。

同社は、まずは数名のスタッフをユッカスヤルヴィに派遣して、アイスバーのスポンサーになることを決め、共同のプロモーション活動を開始します。1997年には、イタリアのファッションブランド「ヴェルサーチ」とアブソルート・ウォッカとのコラボレーションキャンペーンによる広告が国際的な注目を集めました。その広告では、ナオミ・キャンベル、ケイト・モス、マーカス・シェンケンバーグといったトップモデルが、アブソルートのボトルをイメージしたヴェルサーチのデザインを身にまとい、マイナス27℃のアイスホテルを舞台に撮影された写真が話題を呼びました。その後も、ボルボの米国向けのテレビCMやジェームズ・ボンドの映画など、さまざまな撮影のロケーションとしてアイスホテルが使用されるようになり、現在では毎年600~700のメディア企業がアイスホテルを訪れています。

パートナーがもたらしたビジョンによる世界的展開

ただし、アブソルート・ウォッカとのパートナーシップは、ベリークヴィストたちが当初思い描いていたよりも、ずっと大きなビジョンをもたらすものでした。この世界第4位のスピリッツ・ブランドは、アイスホテルと共同で、トルネ川の氷を使ったアイスバーを世界中に展開する、という構想を描いていたのです。

まずは、2002年6月にストックホルムにパイロット・プロジェクトとしてアイスバーが作られ、その後に年間常設のアイスバーになりました。アイスバーの室内は-5℃

に保たれ、50トンのトルネ川の純度の高い氷を削り出して、バーカウンターやテーブル、ソファ、グラスなどが作られます。2007年には、年間10万人の人々が銀色のポンチョを着て、トルネ川の氷でできたグラスでウォッカのドリンクを飲む、ストックホルムで最も収益性の高いバーとなりました。アイスホテルと同様に、アイスバーのデザインも国際的なアーティストが招聘《しょうへい》されて、6か月ごとに作り直されます。ストックホルムを皮切りに、2004年にロンドン、東京、ミラノ、2007年にはコペンハーゲンと上海にもアイスバーがオープンし、いずれの店舗も、「トルネ川からの80㎡の氷で作られたバー」という同じコンセプトの下で運営されています。

解けてなくならないアイスホテルの建築

こうしてアイスホテルが有名になると、次第に、ユッカスヤルヴィを夏に訪れる観光客のなかにも、アイスホテルへの訪問を期待する人々が増えていきました。そこでベリークヴィストは、パートナーシップの拡大を模索し、夏季に約100日間続く白夜を利用した太陽光発電で電力を賄い、夏にもアイスホテルが解けないようにする、という発想に至ります。そこで建築家のハンス・イークがこのプロジェクトの主任建築家となり、氷と雪で作られた20部屋のスイートルーム、アイスバー、アイスホテルの歴史を学ぶことのできる体験ルームからなる、2100平方メートルの巨大な建築物の着工がなされました。5か月をかけて、全ての電力が太陽光発電によって賄われる、まったく新しいアイスホテル「Icehotel 365」が完成し、2016年11月に最初のゲストを迎えました。

夜はホテル、昼は雪と氷のアートギャラリーとして365日オープンする施設ができたことによって、人々とトルネ川との関係も、より強固なものになりました。夏にアイスホテルを訪れた人々には、その建物の元となるトルネ川の水を、ラフティングでも体験してもらうことで、より一貫した忘れがたい経験を提供できるようになったのです。

「非予測的コントロール」によって存在しなかった市場が紡ぎ出される

これまで確認してきたアイスホテルの事例から、エフェクチュエーションの全体プロセスがどのように進んでいくのかを、改めて整理してみましょう。

最初の時点で、起業家に明確な目的や事業機会が見えている必要は必ずしもありません。ベリークヴィストの場合は、大企業での仕事に不満はあったものの、会社を辞めて起業しようと考えていたわけでもありませんでした。彼はまず、すでに持っていたユニークな手段（「何を知っているか」としてのラフティングのスキルとボート）を使ってすぐに実行可能な行動（観光客をボートに同乗させる）から、新しいアイデア（ラフティング体験事業）を着想し、「誰を知っているか」（観光案内所で働く友人）を活用しながら、そのアイデアを形にするための行動に、やはり無理のないリスクの範囲で、一歩一歩着手していきました。そうした取り組みは成功する保証がない一方で、自身の知識や社会的つながりを活かして実行可能な、そして、自身のアイデンティティ（ユッカスヤルヴィの自然に魅力と可能性を感じているという「私は誰か」）と照らし合わせて実行する意味のある、彼にとって合理的な行動であったといえます。そして、それが想像以上に成功した結果から、彼のコミットメントもいっそう高まっていきました。ラフティングの事業を本業として取り組むという発想や、会社を辞める覚悟も、顧客や仲間からの継続的なコミットメントを得たことで初めて明確になったと考えられます。

ただし、こうしたアイデアが具体化されて形になっていくプロセスは、必ずしも直線的に進むわけではありません。時に、未来が予測できないなかで生じる偶発性を取り込み、結果として大きな方向転換を経験することがあります。起業家が経験する偶発性には、行動の予期せぬ結果（ラフティングの事故や、氷のアートフェスティバル当日に降り出した雨、アブソルート社からの期待を超えたコミットメントなど）や、新たな人や情報との出会い（さっぽろ雪まつりの情報や、ホテルが満室で困っていた海外ゲストなど）といった、外部環境によってもたらされるさまざまな影響がありますが、どのような偶発性が起こるかは、事前に予測もできなければ、デザインすることもできません。

しかし、重要なのは、そうした予測を超えた外部環境のフィードバックを得たときに、それに翻弄されたり、逆に事前の予測や計画に固執して見過ごしたりするのではなく、その場・その瞬間でコントロール可能な活動に集中して、パイロットとして対処する行動をとることであるといえます。そうして新たな行動を生み出すからこそ、危機的事態や新たな他者との出会いを含む、外部環境における偶発性を自らのコントロール可能性を拡大する機会として取り込んで活用することが可能になります。

世界中の誰も、そして創設者であるベリークヴィスト自身も想像しなかった、アイスホテルやアイスバーという新しいビジネスは、このような非予測的コントロールの帰結であることがわかります。

5つの原則を統合してエフェクチュエーションのサイクルを回す

起業家は、自らのアイデンティティや知識、社会的つながりに基づいて着手する「手中の鳥の原則」と、起業家自身の可能なリスクテイクを反映した「許容可能な損失の原則」に基づくことで、未来の結果が予測できないような不確実性の下でも、起業家自身にとって意味のある一歩を合理的に踏み出すことが可能になります。ただし、それだけでは実行可能性とリスクへの対処を重視した、小さな行動にしかならない恐れがあるでしょう。

そうした行動が、新たな市場や事業機会を含む、より大きな価値の創造につながりうるのは、行動を起こして初めて得られる、外部環境からのフィードバック（予期せぬ結果や、人や情報との出会い、制度的障壁など）を起業家が取り込み、より実効性の高い行動へと繰り返しアップデートするためです。こうした対応を可能にする思考様式が、「クレイジーキルトの原則」と「レモネードの原則」であると理解できます。アイスホテルの事例でも、ベリークヴィスト自身が想像もしなかった幾多の経験やパートナーの参画を通じて、「何ができるか」が繰り返し刷新され、新たな可能性が創造されました。

最後に「飛行機のパイロットの原則」は、こうした外部環境との相互作用を含むプロセスの全体を、起業家自らがコントロールしようとする主体性に関連するといえます。予期せぬ事態をポジティブに活かすことや、自発的なパートナーとともに新たな取り組みに着手することは、自動的に起こるわけではなく、常に起業家自身の主体的なコントロールの結果です。つまり、偶発性にどのように対処するのか、誰がパートナーとなり誰がそうならないのか、といった意思決定は、パイロットである起業家自身によってなされるのであり、そうした意思決定には「私は誰か」というアイデンティティが強く反映されると考えられます。

エフェクチュエーションのプロセスにおいて、行動の起点となる手持ちの手段（資源）の筆頭に「私は誰か」というアイデンティティに関わる要素が挙げられるのは、結果が予測不可能であるゆえに最適な行動が定義できない不確実な意思決定においても、アイデンティティこそが「何をすべきか」を判断する一貫した指針を提供しうるためです。[※5] そしてアイデンティティは、最初は起業家自身の「私は誰か」と同一であるものの、エフェクチュエーションのサイクルが繰り返してパートナーが獲得される結果、徐々に「私たちは誰か」という組織的なアイデンティティが形成されると想定されています。

ベリークヴィストの実践を見ても、ラフティング事業から始まり、氷のアートフェスティバル、アイスホテル、アイスバー、解けないアイスホテルの開業へ、という一見無秩序にも見える事業展開の根底には、ユッカスヤルヴィの自然環境の魅力を人々に伝えたいという思いや、「足元を掘れ」という価値観が一貫して影響を与えていることがわかります。逆にいえば、起業家やそのチームのアイデンティティにそぐわないために、対応が見送られた予期せぬ事態やパートナー関係も、当然ありうると考えられます。

このように、エフェクチュエーションを構成する5つの思考様式は、それぞれが単独で活用されるわけではなく、お互いに影響し合う関係にあります。ただし、多くの人が最初から全ての思考様式をうまく使えるわけではなく、行動の指針となる「私は誰か」という自分自身のアイデンティティですら、曖昧にしか理解できていない場合もあるでしょう。それでも、ベリークヴィストが想定外の事態に直面して「人間の思うようにならない自然の面白さ」に対する自分の選好を自覚したように、実際に行動を起こした結果からのフィードバックによって、自分自身への理解が深まることも多くあります。

これら5つの思考様式の補完関係を意識しながら、エフェクチュエーションのサイクルを回し続けることによって、起業家であるあなた自身の内部環境（起業家自身の認知

※5　Sarasvathy (2008)，邦訳 pp.102-105.

や感情、願望など）と、外部環境（市場構造や制度、さまざまなステークホルダーなど）[※6]の状態を反映した、新たな価値を形にする実践が可能になると考えています。

※6　Venkataraman et al.（2012）, p.23

インターミッション

ここからは、エフェクチュエーションを構成する5つの思考様式を使い、どのように物事を捉えて行動していくのかを、より具体的に説明します。

吉田満梨さんによる第1章から第8章は、エフェクチュエーションの入門的な解説として現時点で最良のものと思えます。ではなぜ、第9章・第10章を加えるのでしょうか。それは、ここまでの解説で、頭では理解するものの、いざ行動をするときに躊躇する人たちが多いのではないかと考えたからです。

その理由は、大きな成果を成し遂げた企業の事例が多いため、読者はゴールや目的をどうしてもイメージしてしまい、慣れ親しんだコーゼーションの思考に傾いてしまうからです。もう1つは、エフェクチュエーションの5つの原則が1つずつ丁寧に説明されてきましたが、5つの原則を連続的に解説する章も必要と思えたからです。

さて、ご挨拶が遅くなりましたが、私は、中村龍太と申します。フリーランス（個人事業主）として起業しているエフェクチュエーションの実践者です。また、クラウドサービスを手掛けているサイボウズ株式会社のエフェクチュエーションの実践者でもあり、推進する経営幹部でもあります。

私とエフェクチュエーションとの出会いは、2019年の3月でした。サイボウズでの社内の会議で、あるアプリ開発の企画に関して情報共有をしていたときのことです。突然、社長の青野慶久さんから、「企画には、事業計画書を作らないやり方があるらしいよ」と解説されました。私は「事業計画書を作らない」という言葉に、鋭く反応しました。

なぜなら、私の企業やフリーランスでの経験上、「新しい仕事をつくる」ときには事業計画書は作るものの、あまり重要視されてこなかったからです。たとえば、前職であるマイクロソフトで行ったマイクロソフト365（当時の名はBPOS）の流通チャネル開発がそうでした。

その時の私の担当役員は、ヨーロッパで実績を上げたフランス人でした。彼は日本のソフトウェアの売上を上げるために着任しました。しかし、当時のマイクロソフトにとってクラウドサービスは初めて取り組む事業で、彼も経験がありません。彼は私に言いました。「私には、今回のサービスについては何も経験がない。とにかく動いてみてくれ」。結果、新しいサブスクリプション（定期購読モデル）での流通チャネルを立ち上げることに成功し、私はワールドワイドで素晴らしい成果を上げたビジネスデベロップメントマネージャーとして表彰を受けることができたのです。

さっそく、吉田満梨さんが翻訳メンバーの1人である『エフェクチュエーション：市場創造の実効理論』という本を読みました。まさに、私がやってきた新商品開発や新しい仕組みづくりは、エフェクチュエーションだと腹落ちしたのです。

このような経緯で、私は現在、吉田満梨さんが大学院でエフェクチュエーションの講義をするときに、その一部を実務経験者として担当しています。講義では、シンプルで最軽量なフリーランスとしてだけでなく、上場企業であるサイボウズ内でのエフェクチュエーションの実践を解説しています。それによって、コーゼーションのような解像度の高い目的・ゴールを必要とせずに、自分自身の手持ちの手段から行動を始める学生の姿を見てきました。

第9章と第10章では、その大学院の講義でお話ししている内容を詳しく紹介していきます。私が語ることによって、読者の皆さんが、より身近なものとしてエフェクチュエーションを追体験することができれば嬉しく思います。あるいは、皆さんがすでに実践をしている行為と気づく機会になるかもしれません。

第9章

フリーランスとしてのエフェクチュエーション

私の講義の題材の1つは、本業の仕事のかたわら行う、兼業・副業での起業です。私は週に4日間サイボウズの社員でいながら、残りの3日間は自営農業を手伝いつつ、個人企業「コラボワークス」（https://collaboworks.jp）の代表として働いています。事業のメニューは10個以上になります。その事業の一部を、エフェクチュエーションを利用してどのように創造していったのかを物語のように解説していきます。

個人の起業という観点で、今まで解説されてきたエフェクチュエーションの5つの原則の思考様式を連続的に捉えてもらい、エフェクチュエーションを身近な存在にしてもらいたいと思います。

コーゼーションで考案できなかった「多目的仮設空間建築」事業

コラボワークスの事業の1つに、「農地での多目的仮設空間建築」[※1]があります。私は、この商品を「グリーンベース」と名付けました。まずは脚注からの動画で、どのような仮設空間建築なのかを見てみてください。

この仮設空間建築物のグリーンベースは、多彩な事業メニューを持っています。1つ目は、土の上に造るビニールハウスをベースとした、多目的に使えるおしゃれで手軽な全天候型の仮設建築物を建築するサービス。2つ目に、建築する周辺の農地も多目的に使えるふかふかの雑草フィールドにするサービス。3つ目としては、その建築物と雑草フィールドの造設を通じて、地域のコミュニティを育むためのワークショップを実施するサービスがあります。これらのサービスは、グリーンベースに関心を持った方のニーズに応じて、組み合わせて提供しています。

コラボワークスの事業のなかには、アウトドアフィールドとアウトドア設備を貸し出す「〝アウトドア〟全部貸します！ サービス」があるので、グリーンベースの建築事業はコーゼーションの発想から派生した事業のようにも見えます。しかし、実は違うのです。

私自身、そのコーゼーションの発想をしていた頃がありました。ちなみに私が考えていたコーゼーションの思考はこうでした。

※1 農地での多目的仮設空間建築「グリーンベース」(https://youtu.be/V5pkbdU8_jE)

「〝アウトドア〟全部貸します！　サービス」を利用するユーザーのために、
全天候で過ごせる場所があるとよい
←
その機能性を高めるために、
よくキャンプ場で見るロッジのようなハウスがあればよい
←
その建物を設置するために、どんな建築物がよいのか？
その施設で利益を出すために、どれくらいのユーザーが使うのか？
その利用料金をいくらに設定すればよいのか？

このように、目的から手段、そして資源という順番で考えていたことを思い出します。コンテナハウスという選択肢を模索し、コンテナハウスを扱っている工務店に行ったこともありました。しかし、実際にはこのようなコーゼーション思考では進みませんでした。

では、どんなプロセスで考案されたのでしょうか。それは、スペインの郷土料理である〝パエリア〟なのです。唐突な展開に驚いたかもしれませんが、なぜ、パエリアからこの建築事業になったのか、そのエピソードをエフェクチュエーションに照らしあわせながら解説していきましょう。

2014年　パエリアとの出会い
――［手中の鳥］手持ちの手段がなくても心配しない

私は2013年10月に、それまで勤めていたマイクロソフトから、サイボウズとダンクソフトへの2社同時の複業転職をしました。その1社であるダンクソフトの入社初日、社長の自宅の近くにあった「バルデゲー」というパエリアレストランに誘われました。それが、パエリアと、そのパエリアを振る舞うパエリア料理店のオーナー兼シェフの栗原靖武氏との出会いでした。栗原氏は、スペインで行われたパエリア世界大会の外国人部門で入賞された方でした。

これは、〈レモネード〉になりうる予期せぬ人との出会いといえますが、残念ながら、その時点ではレモネードという認識はなく、単なる食事会として終了します。ただし、栗原氏は、ＩＴ企業の会社員としての私ではなく、米農家としての私に関心を持ち、「日本でパエリア用のお米を作れないか」と相談してくれたのです。そして、その後も

2014年 パエリアとの出会い

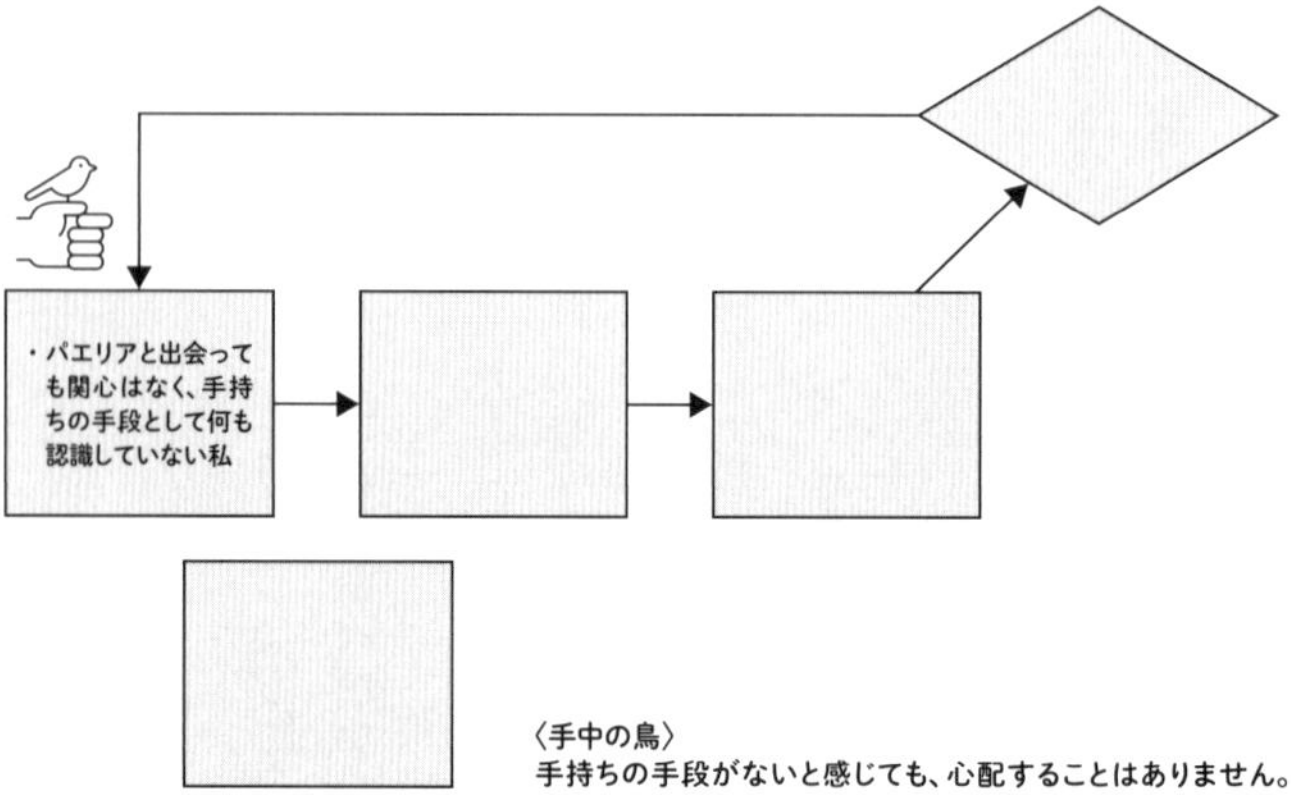
・パエリアと出会っても関心はなく、手持ちの手段として何も認識していない私

〈手中の鳥〉
手持ちの手段がないと感じても、心配することはありません。手中の鳥は、そもそも持っているものであり、自分の関心から生まれ出てくるものです。焦らず、自分の関心を広げる契機を促すことで、自然と生まれるものです。

何度かお会いするごとにお米という話題で親しくなっていくことになります。

いま振り返れば、パエリアの料理人として知り合った栗原氏は、私の〝誰を知っているか?〟の〈手中の鳥〉として解釈できますが、この時点では、まったく栗原氏のことを〈手中の鳥〉として認知していませんでした。

エフェクチュエーションの〈手中の鳥〉や〈レモネード〉として認識される対象というのは、その時々の自分の関心によって浮上してくるものです。だから、あなたが、エフェクチュエーションのワークで〈手中の鳥〉をリストアップしようとするとき、もし、〈手中の鳥〉が思ったように出てこなかったとしても、悲観することはないのです。

私もそうだったように、自分のなかにある〈手中の鳥〉を信じて、焦らず、さまざまな人と関わり合うエフェクチュエーションのサイクルを回すことをお勧めします。なぜなら、何が自分にとって意味のある〈手中の鳥〉であるかは、そのときの自分の関心でしか認識することがなく、その関心の契機は、さまざまな経験や人との出会いのなかから生まれてくるものなのです。

たとえるなら、なんの関心もない食べ物でも、好きなタレントが食べていたら、突然関心を持つようなものです。そんな理由であっても、「自分はこの食べ物が好き」という〈手中の鳥〉になることがあり、エフェクチュエーションのきっかけになるのです。

パエリアに初めて関心を持つ
——［手中の鳥］巻き込まれ力からの手持ちの手段の獲得

さて、２０１４年12月。私がパエリアに関心を持つきっかけとなったイベントが行われました。それは、私が複業転職をしたダンクソフトの研修兼親睦会である１Ｄａｙ合宿です。そのイベントのメインの行事は、パエリアコンクールでした。私は、２０１４

年7月に行われた日本パエリア協会主催の「豊洲パエリア」で、パエリア世界コンクール日本予選などの一部始終を見ていたために実施責任者として任命され、パエリア料理店の栗原氏の協力を仰ぎ一緒に準備を進めました。

1Day合宿のパエリアコンクールは、複数の鍋を用意し、社員をいくつかのチームに分け、交流の深いお客様に審査をしてもらうというものです。社内研修といえども、国際大会さながらのフォーマットで行い、社員とお客様の双方とも大いに楽しむことができました。

このイベントで、私は初めてパエリアへの強い興味が沸きました。その理由は、なんといっても、楽しく達成感のあるイベントになったことです。そして、作られたのが魚介ではなく肉のパエリアであったため、とてもシンプルで、かつ、初めて作ったにもかかわらず、どれも美味しく食べられるものに仕上がっていることでした。また、パエリアを作る過程でのチームビルディングにもワクワクしました。

まさに、パエリア料理店のオーナー兼シェフの栗原氏という〝誰を知っているか？〟や、パエリアの作り方という〝何を知っているか？〟を、自分の〈手中の鳥〉として強く認知できたときでした。

そして、このイベント以降、私はパエリア作りにガッツリはまります。とにかくこの頃は、いろいろなところでパエリアを炊く修業を積みました。たとえば、栗原氏が山口県でパエリアを振る舞うときに私も現地に同行して手伝ったり、自分の家で取れたコシヒカリを使ったパエリアを振る舞ったりと、いろいろな人とパエリアを通じて交流していました。また、パエリアの炊き方だけでなく、パエリアを通じてどのような人が集まってくるのかなど、さまざまな側面からパエリア作りを観察して、感じたこと、学んだことを、自分の〈手中の鳥〉として蓄えていきました。

こうした〈手中の鳥〉を活用して、〝私は誰か？〟を初対面の人に話すとき、パエリアは、どんな紹介よりもインパクトがありました。たとえば、「私はマイクロソフトの社員でした」と言うよりも、「私はパエリアを作ることができます」と自己紹介したほうが、相手は好意的になってくれて、すぐに仲良くなるのです。これは、エフェクチュエーションの5原則でいう〈クレイジーキルト〉を生み出す大切な〈手中の鳥〉でした。実際にはそれも、私が、「パエリア」に関心を持った大きな理由だったといえます。

ここでの私の学びは、〈手中の鳥〉という資源をより大きくしたいのであれば、必ずしも、明確な目的のもとに〈許容可能な損失〉によって行動し、パートナーとのコミットメントを得る〈クレイジーキルト〉のサイクルを回し、新たな〈手中の鳥〉を得る必要はないということです。

パエリアに初めて関心を持つ

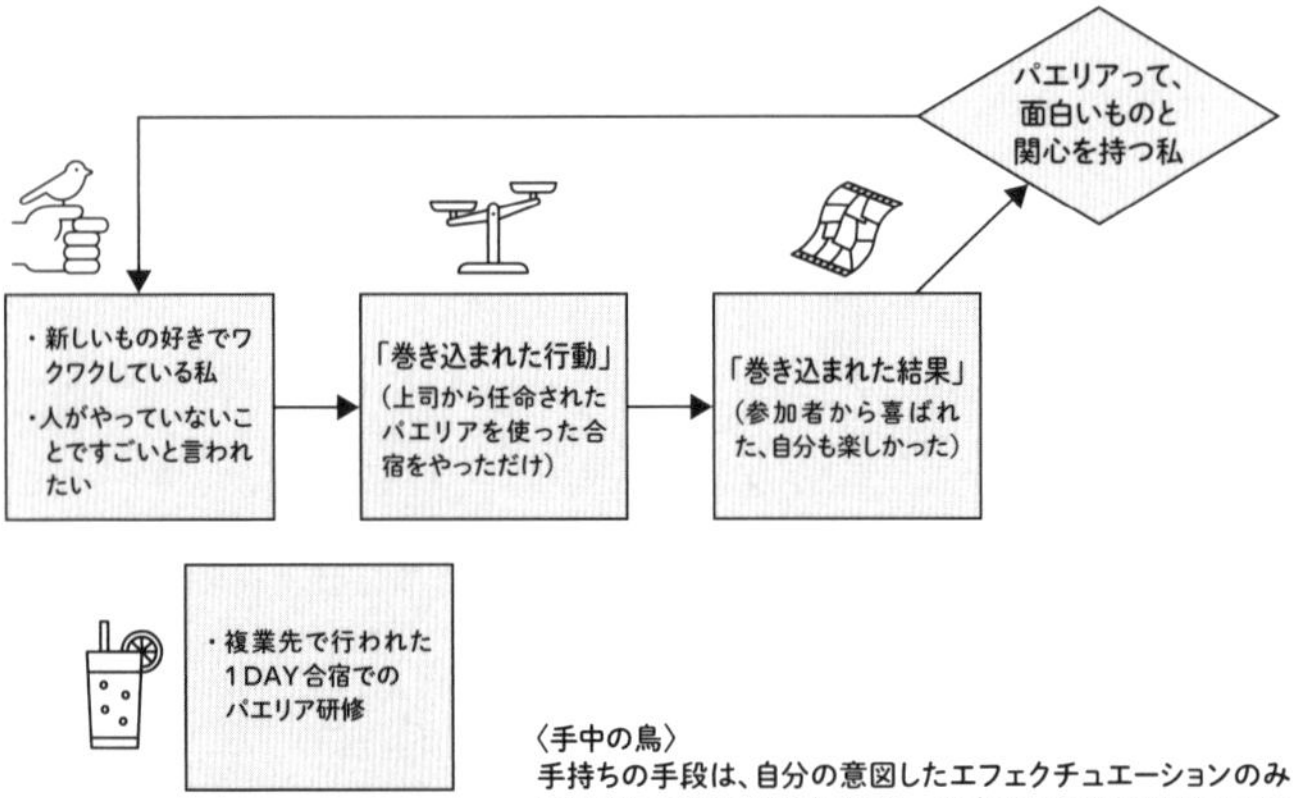
パエリアって、面白いものと関心を持つ私
・新しいもの好きでワクワクしている私
・人がやっていないことですごいと言われたい
「巻き込まれた行動」（上司から任命されたパエリアを使った合宿をやっただけ）
「巻き込まれた結果」（参加者から喜ばれた、自分も楽しかった）
・複業先で行われた1DAY合宿でのパエリア研修

〈手中の鳥〉
手持ちの手段は、自分の意図したエフェクチュエーションのみで得るものだけではありません。他者からお願いされたことで行動する「巻き込まれ力」によって、新たな手中の鳥を得ることができます。

私の「パエリア」にまつわる〝何を知っている？〟の探究は、パエリアのことを知りたいがためにやってきたわけではなく、むしろ、ただただ、他者から誘われ、さまざまなことを経験していただけです。それは、自分の意志のみで〈手中の鳥〉という資源を獲得していたわけではないということです。

一般的にエフェクチュエーションは、〈クレイジーキルト〉で人を巻き込んでいく方向から説明されています。その力を私は「巻き込み力」と言っています。一方、巻き込む人がいれば、巻き込まれる側もいます。その巻き込まれやすい人の力を、私は「巻き込まれ力」と言っています。〈手中の鳥〉の資源の再獲得においては、自分が意図した「巻き込み力」のサイクルだけでなく、この「巻き込まれ力」も意識することをお勧めします。

2016年9月 スペインへ ——［許容可能な損失］レストランのアイデアは既存のものか新しいものか

こうしてIT企業の会社員でありながら、パエリアに関するさまざまな経験を積んだ2016年。私は、パエリア料理店のオーナーシェフで、その頃、日本パエリア協会事務局長としても活躍中の栗原氏から、「今年スペインで行われる国際大会に、一緒に応援に行きませんか?」と誘われました。「スペインまで行って何が楽しいのかな?」とも一瞬思いましたが、スペインは訪れたことがなく、こんな機会でもなければ行かないかもしれないと思い、会社や家族と相談した結果、誘いを受けることにしました。

これが、私の言う「巻き込まれ力」です。もともとこの誘いは、パッケージツアーを前提にしたものでしたが、結局、参加者が集まらず、私と栗原氏との2人のツアーとなりました。異業種の2人がいろいろなことをゆっくり対話できる、想定外に起きた〈レモネード〉のごとく、ラッキーとしか言いようがない旅行だったと記憶しています。

その旅で興味深かったのは、栗原氏が立ち寄ったスペインの料理店で、9月19日に訪れたパエリア米の田圃の真ん中にあるパエリアレストラン「Restaurante Bon Aire Cocinero」でした。パエリアレストランのオーナー兼シェフのラウル氏は、レストランだけでなく自分の田んぼも持っており、農家とレストランを同時に経営しながら、自らも農作業に従事し、シェフとして腕を振るうすごい人でした。ちなみにラウル氏は、2018年のパエリア国際大会の優勝者に輝きます。

ラウル氏は、まず自分の田んぼの説明をしてくれました。私が農業をやっていると知ってか品種や特徴まで丁寧な解説でした。そして、田んぼ以外にも精米のための巨大な脱穀機や乾燥機に始まり、しっかりとした保冷貯蔵庫まで見せてくれました。その後、私たちはレストランに行き、厨房を見学したあと、田圃の近くで採れるうなぎを素材にした美味しいパエリアをご馳走になりました。

日本の初秋と同じ黄金色の稲穂を見ながらパエリアをいただく。とても豊かな時間でした。その景色を見ながら私は、あるアイデアを妄想します。なぜ、日本には、稲穂や畑を見ながら食べられるレストランが少ないのだろうか？　そう、私の家の周りの耕作放棄地という余剰資源〈Slack〉で、このスペインと同じような田んぼの隣で食事ができるレストランを作ることができるかもしれない！

2016年9月　スペインへ

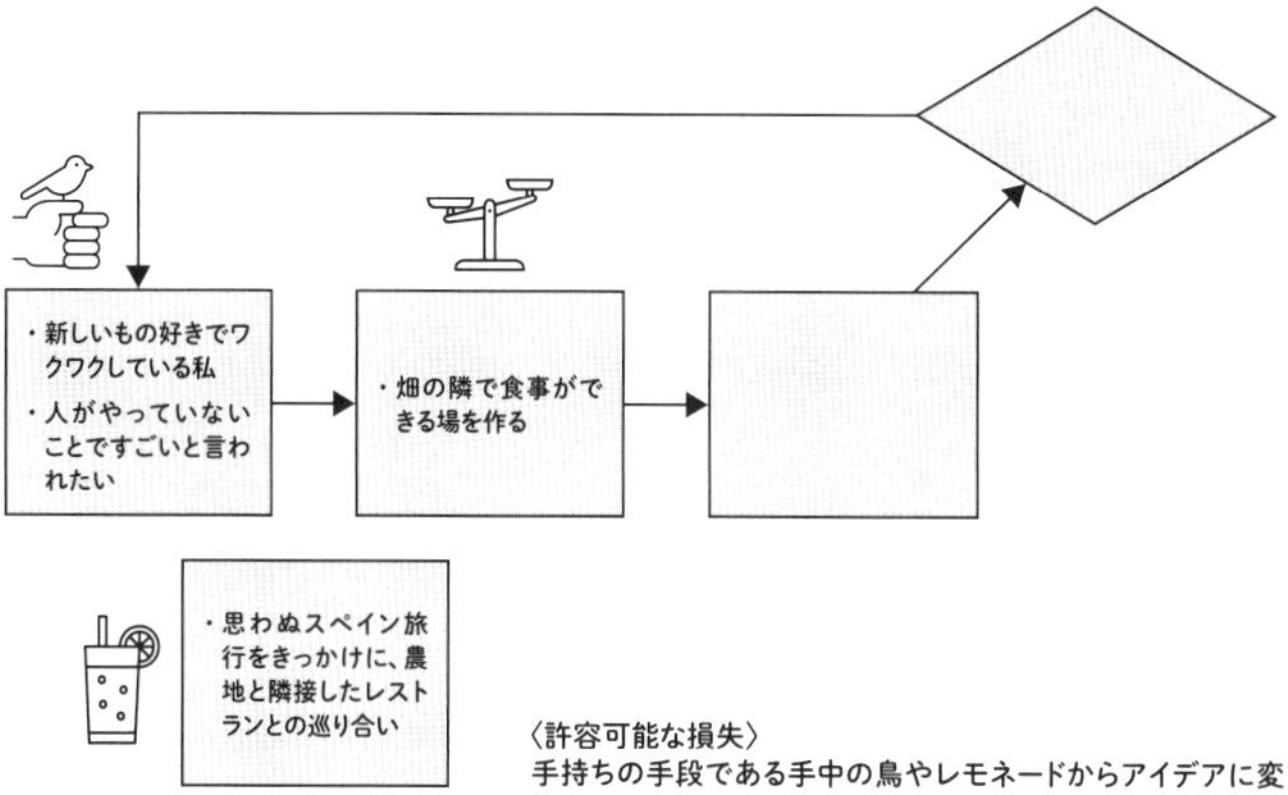

〈許容可能な損失〉
手持ちの手段である手中の鳥やレモネードからアイデアに変換されたものは、すでに存在するアイデアと捉えるのではなく、唯一無二なアイデアと捉えることがエフェクチュエーションでは重要です。

この「田んぼの隣で食事ができるレストラン」というアイデアについて、読者のみなさんはどう感じましたか？「そんなのすでに考えている人いるよ」「新しいアイデアではないね」と思われる方もいるのではないでしょうか。

しかし、アイデアは掛け算と言われるように、「スペインでの体験」×「スペインの地形・風景」×「育てる作物」×「料理」＝「食と農をつなげる場」という5つの要素の組み合わせは、他人が発想した同じアイデアとは異なり、唯一無二なアイデアと言うこともできます。

このように、アイデアを最初から否定せず、エフェクチュエーションのなかで肯定的に捉えて、〈許容可能な損失〉で行動することが、新しい事業を生み出す機会につながるのです。

2017年「パエリアワークショップ」誕生
――〔許容可能な損失〕本業の経験が新たな事業を生み出した時の留意点

2016年にスペインを訪問した私は、翌2017年には〈許容可能な損失〉の範囲で、全国各地にパエリアを積極的に作りに行っていました。薪で炊く肉のバレンシアーナのパエリアです。2017年5月千葉県南房総、7月福島甲子高原、8月新潟県妙高源、9月静岡県熱海、そして、もちろん地元の印西でもパエリアを炊き続けました。自分でも思うのですが、このスケジュールはすごいと思います。

何が楽しかったかというと、料理教室を開催すると、パエリアを炊いて食べ終わったときには、1つの鍋を完成させた人々がチームになっているのです。会社組織のように、あらかじめ用意してあった役割を担うチームではなく、誰に指示されずとも自然と役割が定まっていき、それなりの美味しいパエリアができる。その様子はフレデリック・ラルー氏の著書で提案された「ティール型組織」のように思えました。

それまでにも、私は、サイボウズの企業理念「チームワークあふれる社会を創る」への共感と経験から、「ティール型組織」のようなフラットで自律的な組織をどうにか他の人にも体験してもらいたいと考えていました。サイボウズの仕事でも、私は、チームワークの研修を法人企業に行っています。その手段としても、パエリア作りはとてもよいアイデアかもしれないと思い始めたのです。

そして、だんだんチームワークを意識してパエリア料理教室を開くようになっていました。そしてついに2017年10月、これまでの経験〈手中の鳥〉をもとに、大阪府八尾市での経営者向けの研修を皮切りに、研修事業として「パエリアワークショップ」を始めました。翌年の2018年は、石川県金沢や岩手県一関などでも研修事業を進め、これが私の事業の1つ、「パエリアづくりで学ぶ、ティール型組織」になっています。

これをエフェクチュエーションで改めて整理すると、〈手中の鳥〉である「ワクワクで喜ぶ私」と「バレンシアーナのパエリアを薪で炊けるスキル」を元手に、〈許容可能な損失〉でパエリア料理教室を何度も行うことによって、本業であるサイボウズの組織の世界観をイメージした「パエリアワークショップ」を構想し、持ち前の〝誰を知っているか〟で紹介していただいた八尾市の職員に〈クレイジーキルト〉で〝おねだり〟をし、決して大きくない金額の報酬と八尾市の関連ホームページでの事例公開で、それを受注しました。本業での経験がフリーランスに影響を及ぼしたことで、新しい事業が誕

生したといえます。※2

ここで、〝おねだり〟という私がよく使っている言葉を解説します。この〝おねだり〟の意味は、第5章で書かれている〈クレイジーキルト〉におけるパートナー獲得のための行動である〝問いかけ（asking）〟です。あえてこの言葉を使う理由は、「子どもが〝おねだり〟をする」というように、愛情や好意のある相手に対して自分の要望をかなえるために使われるからであり、また〝おねだり〟をされる側にも、「〝おねだり〟をする人に必要とされたい」という心情があることが前提となっているからです。これは、〝問いかけ（asking）〟が成り立つ関係性をよく表現できていると思います。

さらに、「パートナー獲得のために、〝問いかけ（asking）〟をしましょう」より、「〝おねだり〟をしましょう」のほうが、日本人には、しっくり使うことができるでしょう。この言葉を使うことで、よりエフェクチュエーションが加速します。

さて、話をサイボウズの影響を受けてできた「パエリアづくりで学ぶ、ティール型組織」に戻して、よくあるエフェクチュエーションにおける問題に触れておきましょう。それは、さまざまな組織で得た経験が新たな事業を生み出したとき、それが、他の組織の知的財産の持ち出しではないか疑われる可能性があるということです。

今回のケースでは、私が、サイボウズのチームワーク研修の経験から影響を受けて、

2017年「パエリアワークショップ」誕生！

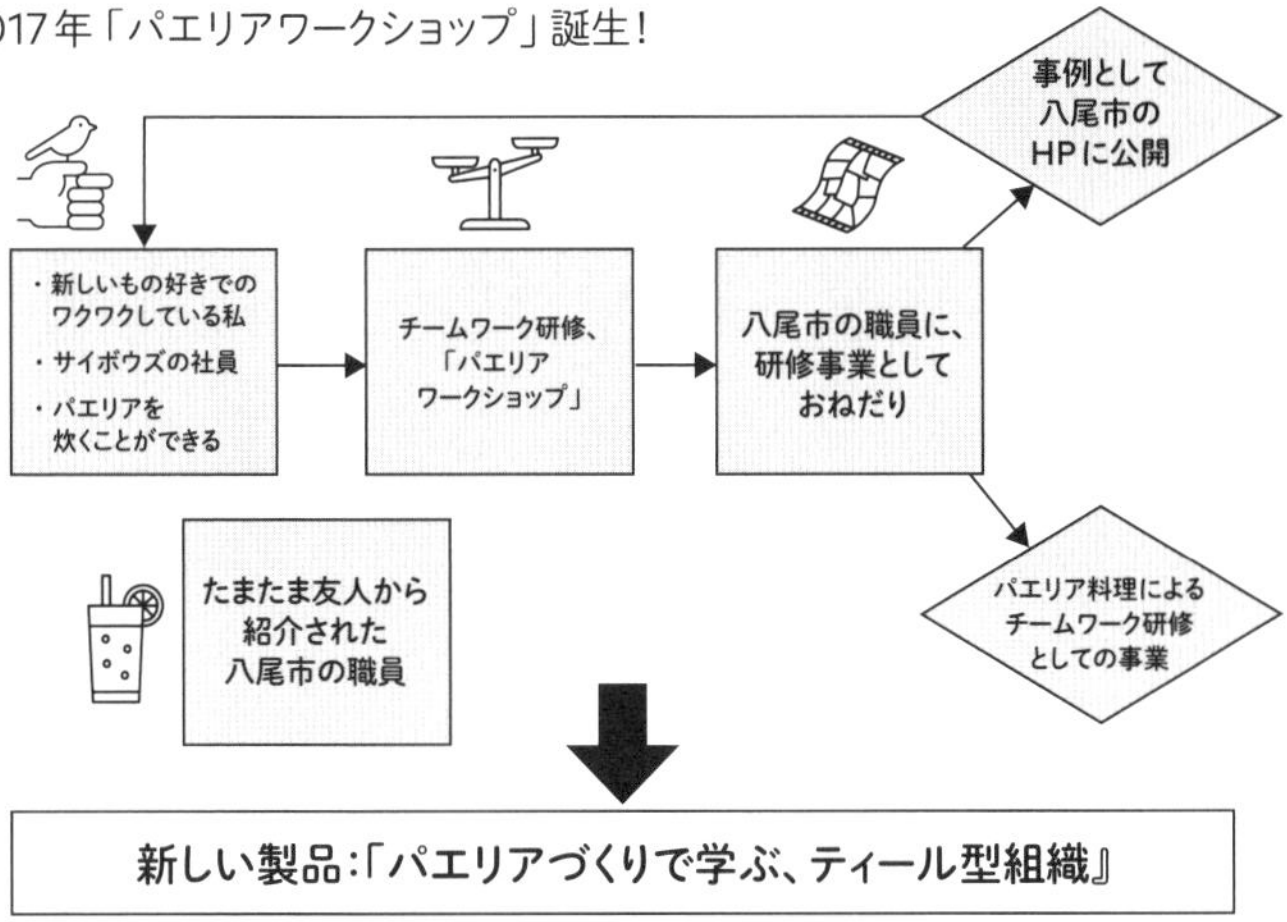

雇用されている企業から影響を受けた新規事業。知的財産の利用が許容可能な損失なのかの確認が大切です。

新しい〈手中の鳥〉、「パエリアワークショップ」のチームワーク研修を得るということです。

もちろん、所属する組織の秘密情報を無断で利用した新しい〈手中の鳥〉は、〈手中の鳥〉としてそのまま再利用できるものではありません。

一方で、知的財産を持ち出している、持ち出してないことは、それほど重要ではないという見方があります。重要なことは、この「パエリアワークショップ」が、サイボウズにとって〈許容可能な損

※2　八尾市の関連ホームページ：http://www.i-portal-yao.jp/EventDetail.asp?p=1803

失〉なのかという観点です。具体的には、サイボウズの事業が毀損《きそん》されるかが鍵なのですが、今回の場合は、すでに公開になっている情報を使ってのワークショップであり、毀損されるというよりむしろ、サイボウズの企業理念である「チームワークあふれる社会を創る」に対して、私がフリーランスとして関与し、会社がコストをかけずに企業理念を達成しているように見えます。サイボウズにとっては、むしろ歓迎されることなのです。

一級建築士から始まった仮設空間建築のプロジェクト
――［飛行機のパイロット］エフェクチュエーションを意識した行動で大きな成果

さて、印西の畑のそばを中心に料理教室やワークショップの事業を進めるようになった私は、新たなモヤモヤを感じ始めました。それは、それらの事業がアウトドアを前提とした事業であり、天候が悪いときは中止にしたり、延期にしたりしていたことでした。とりわけ天候が曖昧なときは、依頼主のやりたい気持ちと悪天候のリスクの挟み撃ちになって、意思決定をするのにストレスがかかります。これは、私にとって、もはや〈許容可能な損失〉ではありませんでした。

自前で大きなタープを持っているのですが、それを悪天候のなかで立てるのも億劫ですし、終わった後に乾かす手間も必要です。なんとか常時設置している全天候型の空間を造れないかと思ったことが、「農地での多目的仮設空間の建築」のプロジェクトのきっかけでした。

そのモヤモヤを、コーゼーションで解決はできるのですが、エフェクチュエーションで楽しむことを私は選びました。なぜなら、この頃に、エフェクチュエーションという原則があることを知ったからです。実は、これ以前の出来事についても、もっともらしくエフェクチュエーションを解説しているのですが、それは自然に私がエフェクチュエーションを楽しんでいたことの事後的な解釈なのです。そういうわけで、エフェクチュエーションを認識することで、どんな面白い「農地での多目的仮設空間の建築」ができるのかを知りたくなる私がいました。

さて、話を戻します。私はサイボウズの仕事で、2018年9月に、愛媛県今治市の大三島に行ったとき、伊東豊雄氏という有名な建築家に出逢います。その伊東氏と伊東建築塾の事務局長と夕食をともにしたときに、伊東氏からお話を聞いて頭に残ったのは、これまでの一般的な建築物は、「自然と建築は相容れないもの」「自然を排除する建築」だったが、目指しているのは、「自然と調和」する建築だということでした。確かにそうかもしれないけど、建築家の大御所が、面白いことを言うなと、当時は思っていました。

そのことを思い出し、2019年2月に、伊東氏の関係者とエフェクチュエーションができると、印西に調和する面白い建物ができるかもしれないと思いました。私は、伊東建築塾の事務局長を知っているという〈手中の鳥〉を元手に、伊東建築塾を訪ね、協力をしてもらえそうな建築家を紹介してもらえないかという〝おねだり〟〈クレイジーキルト〉をしました。

そして、ご紹介いただいたのは、ウエノアトリエ（現在、株式会社 UENOA architects）の長谷川欣則氏と堀越ふみ江氏でした。お二人とも農業にもとても興味があり、すぐに打ち解けて2019年7月からプロジェクトが始まりました。ウエノアトリエのお二人には、私の〈許容可能な損失〉として、この建物に対する投資金額が100万円だということと、余剰資源〈Slack〉の使っていない畑を申し伝えました。あとは、基本的におまかせです。現地の景色を見ながら、建物のアイデアを出していくプロセスが続きます。それは、〈クレイジーキルト〉そのものでした。ウエノアトリエさんが出してきたアイデアに、私だけでなくこの建築に関心のある人も加えて、このような素材を使えな

いかとか、換気はこういう装置が使えるなど、ディテールまでアイデアを出し合いました。※3

実は、その関心を持ってくれた一人に、ＪＡグループが運営する一般社団法人AgVenture Lab の田代典久氏がいました。彼との出会いは、私のＩｏＴ農業や複業での農業への関わり方に関心を持ってくれて、取材を受けたことがきっかけでした。彼にこのプロジェクトに積極的に参加してもらえるように、私は、「この畑のフィールドをAgVenture Lab の活動場所としてどうですか？」と、〝おねだり〟していました。この〈クレイジーキルト〉の結果、田代氏には、打ち合わせの場所、デザインアイデアの提供だけではなく、このプロジェクトへの資金での協賛や施工のお手伝いを含む、多様なコミットメントを提供いただいています。私にとっては、びっくりするぐらいの、今までにない巻き込みの成果です。

このように、エフェクチュエーションを知った私は、積極的に、他の協力者に〝おね

※3　アイデアを出し合って対話をしている様子（https://collaboworks.jp/013-2/）

だり〟をする、また、積極的に他者の提案を受け入れる、という〈クレイジーキルト〉を楽しんでいました。その結果として、ビニールハウスの中に木造の仮設構造物を組み立てるという斬新なデザインが、２０１９年12月に決まりました。施工は２０２０年１月19日から始まりました。建築作業は、私を中心に、関心を持つ人たちが協力して行います。そこには、地元で育児をしているお父さんたちにも参加してもらいました。

しかし、２０２０年は、想像もしていなかったことが起きます。それは新型コロナウイルス感染症の拡大でした。しばしば作業は中断し、１年10ヶ月かけて、ようやく２０２１年11月21日に完成しました。名称は、ウエノアトリエの長谷川さんやAgVenture Labの田代さんと相談をして「グリーンベース」と名付けました。

こうして、悪天候でも利用できる仮設建築物「グリーンベース」が完成し、「〝アウトドア〟全部貸します！サービス」の機能強化が実現します。私にとっては、「パエリア料理教室／チームワーク研修」だけでなく、収穫祭イベントなどを、この印西で〈許容可能な損失〉の範囲を広げて運用できるようになるのです。

このプロジェクトを通じて、大切な学びがありました。それは、エフェクチュエーションという原則を認識すると、今までとは異なる行動が可能になるということでした。事前には予測もできない仮設建築でしたが、〈飛行機のパイロット〉のように、私自身

一級建築士から始まった仮設空間建築のプロジェクト

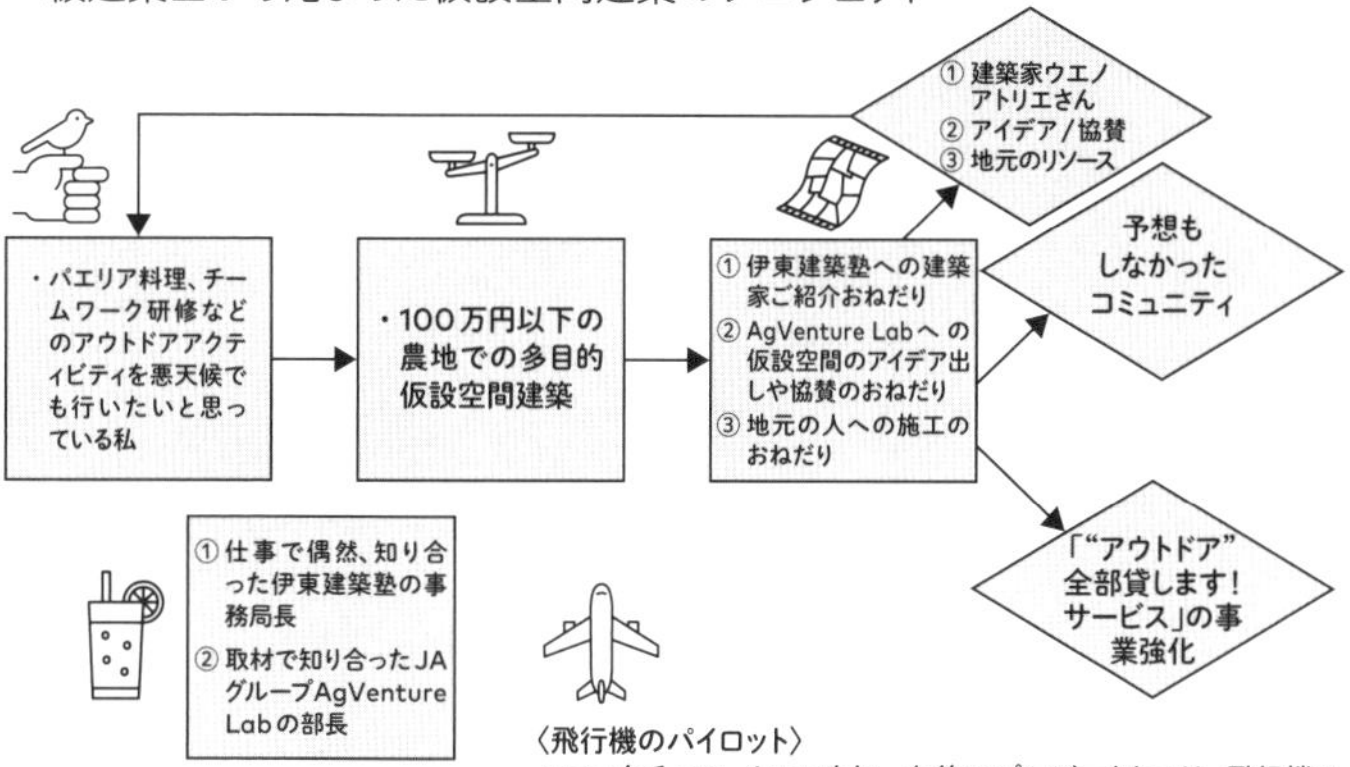

〈飛行機のパイロット〉
エフェクチュエーションを知った後のプロジェクトでは、飛行機のパイロットのようなコントロールのもと、〈許容可能な損失〉内で大きな投資を行い、以前よりハードルが高いおねだりである〈クレージーキルト〉をすることができました。その結果、不思議な仮設空間による事業強化が実現でき、予想もしなかったコミュニティも育めました。

が操縦桿を握り、その一瞬一瞬に、できるだけ多くの関心のある人を巻き込み、地域の人たちの協力を得ることによって、誰も作ったことのない仮設建築物が建てられました。

これまでのフリーランスとしての事業は、主に自分一人だけで成り立たせられる事業でしたが、仮設空間建築のプロジェクトではより多くの人々やリソースを巻き込んでいます。しかも、協賛の〝おねだり〟を通じて、建築費の負担を下げることもできました。

さらに、この施工作業を通じて作ることができた人々とのコミュニティと、この千葉県印西市の現地の風景と調和するグリーンベースは、始まる前に想定もしていない唯一無二なデザインとなりました。これらの成果は、私が、エフェクチュエーションの原則を知っていたから成し遂げることができたのだと確信しています。

「グリーンベース」が売れる⁉︎ ――エフェクチュエーター同士による［クレイジーキルト］

２０２０年11月に幕張で開催されたイベント「サイボウズデイズ」に、以前、サイボウズの経営塾に参加されたソウワ・ディライトの社長が来られました。ソウワ・ディライトは、群馬県前橋市にオフィスのある電気工事会社です。イベント会場で立ち話をしていたとき、この「グリーンベース」の話題になりました。以前から面白いことをやっている社長ということを知っていたので、「印西グリーンベースに、面白い照明がつけられないでしょうか？」と〝おねだり〟をしてみました。すぐさま関心を持っていただき、翌12月には、前橋から印西に来ていただくことになるのです。

そこで彼は、印西グリーンベースの仮設建築物だけでなく、畑一面に生えている雑草とふかふかの土にも関心を持ち、「この地面はアートのようだ！」「このふかふかの地面はどうやってつくるのですか?」と質問をされました。詳しく話を伺うと、実はソウワ・ディライトが所有する土地にも農地があり、そして、このふかふかの地面も含めたグリーンベースを前橋にも作ってほしい、という依頼をされました。特に目的も聞かず、私は、ぜひ、とご返事しました。

前橋には前橋らしいグリーンベースがよいかもしれないと思い、さっそく提案書を提出します。その提案書のなかには、冒頭で紹介した、土上に造るビニールハウスをベースとしたグリーンベースと、その周辺のふかふかの雑草フィールド、及び、それらを造ること手段にした地域のコミュニティ育成のワークショップサービスが含まれていました。まちづくりに興味を持っている社長でしたので、この提案を受け入れていただきました。

私自身にとっては、そもそも「農地での多目的仮設空間建築」が、こんなに早く売り物になるとは思っていませんでしたので驚きです。

これはエフェクチュエーションの、特にパートナーからのコミットメントを獲得する、〈クレイジーキルト〉として興味深い出来事です。そもそものプロセスは、私が、自分の印西グリーンベースの機能を強化するために、照明の〝おねだり〟を社長にしたことから始まります。ところが社長からは、「このグリーンベースが欲しい」と逆〝おねだ

グリーンベースが売れる!?

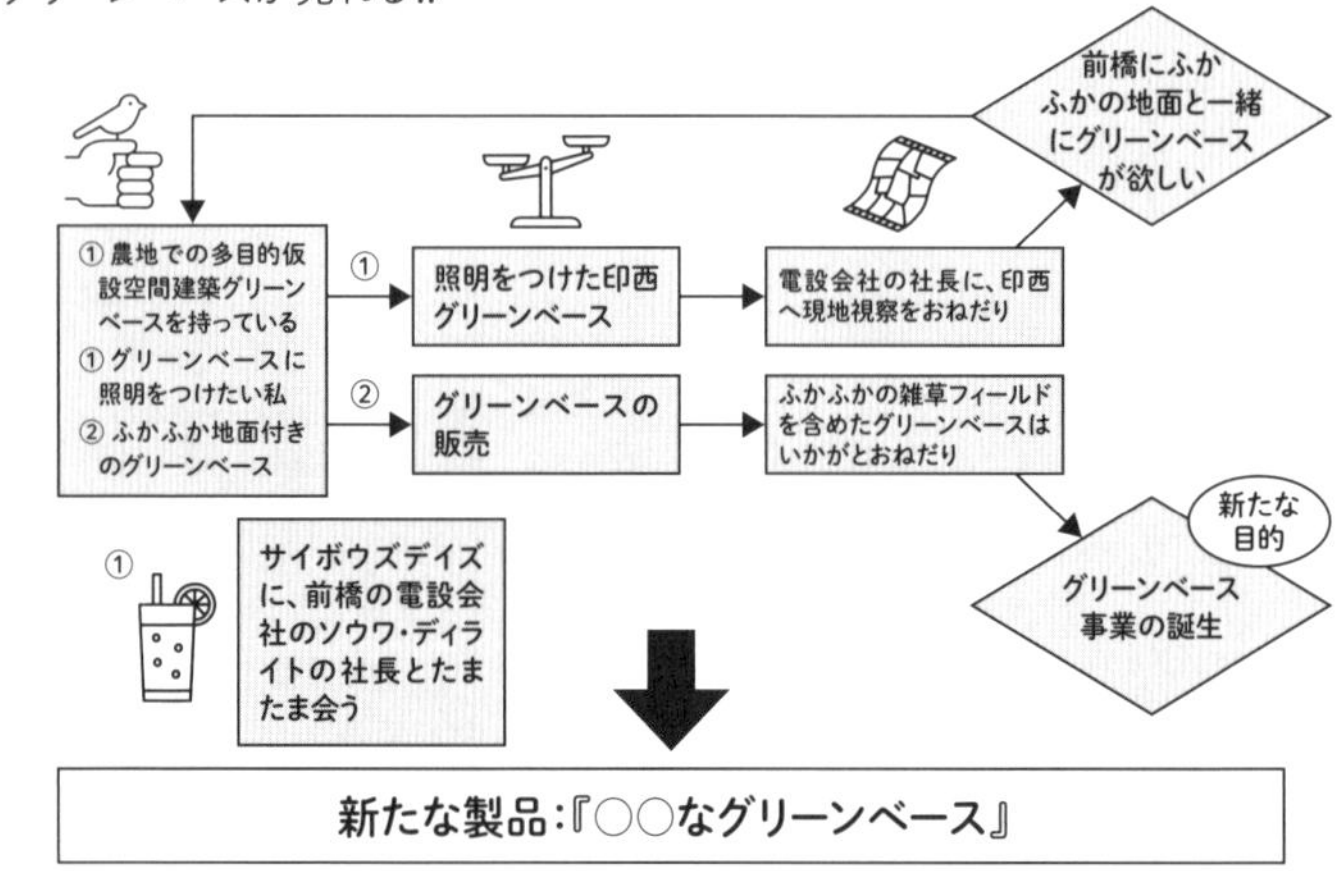

農地で楽しいことをしたい程度の手段から始めるエフェクチュエーター同士が行動を早め事業を誕生させます。

り〟をされます。

私は、自分が巻き込んだつもりが、逆に相手から巻き込まれる側になるのです。そしてさらに、〈クレイジーキルト〉が生まれるなかで、建物だけではなく、周りの「ふかふかの雑草フィールド」も含んだものとして、グリーンベースの価値が認識されたのです。

こうして私が予想もしなかった結果として、グリーンベースの〈新しい市場〉を手に入れました。これ以降、グリーンベースの説明に「ふかふかの雑草フィールド」を入れて提案をしています。

ここのケースでの大切なポイントを2つ解説します。1つは、自分が気づかない価値を、想定しない人が教えてくれるということです。今回の場合は、「ふかふかの雑草フィールド」という〈新しい市場〉です。新たな〈手中の鳥〉を得るためには、エフェクチュエーションで関わる人の些細な言葉だけでなく、仕草、たとえば、スマホで写真をとっている対象物やSNSへの表現に注意を払うことが大切です。それによって、お互いの共感度も測ることができます。

もう1つは、エフェクチュエーションの〈クレイジーキルト〉を行うパートナーが、「エフェクチュエーター」かどうかです。エフェクチュエーターとは、エフェクチュエーション思考で行動を決める状態にある人のことです。このケースでは、お互いすぐに行動をしていることからお互いがエフェクチュエーターであることを推測できました。相手が、手段から行動をするエフェクチュエーターなのか、目的から行動するコーゼーターなのかどうかを認識することが、エフェクチュエーションを加速させる大きな要因になることは、間違いありません。

「パエリア」事業から「グリーンベース建築」事業まで
——リフレーミングによるエフェクチュエーション

パエリアからグリーンベースに至ったエフェクチュエーションのストーリーは、いかがだったでしょうか。この過程では、私自身の行動や事業内容が変化していっただけではなく、内面の関心、つまり〝Who I am〟という〈手中の鳥〉もまた変化しており、それが具体的な行動として変貌していきました。

そもそも、パエリアに出会った時点ではまったく関心がなく、〈手中の鳥〉としても認知していない状態から始まりました。パエリアに関心を持ったのは、パエリアコンクールのイベントに巻き込まれたからです。この巻き込まれた経験を通じて、パエリアを薪で炊く私という新たな〈手中の鳥〉が、自分のなかに認知されます。その関心の延長でスペイン旅行を決断することになり、その旅行でパエリア農家を訪問したことをきっかけに、田んぼに隣接しているレストランに魅了されます。この変化は、私の関心が「食」へと広がったように見えます【①】。

いろいろな人とパエリアをつくることに夢中になっていた頃、サイボウズの社員としてはチームワークに関心を持ち、多くの人に「チームワークとは何ぞや」という講演をしていました。そして、パエリア作りに参加する人たちが、役割を指示されずに協働する様子を見て、私の関心はパエリアという「食」から「つながり」に転換していきました【②】。

さらに、天候に左右されるアウトドアという問題を解決するための、全天候型の空間が欲しくなり、手持ちの手段で、求めるデザインを定めずプロジェクトをスタートさせます。このプロジェクトは、私にとって、エフェクチュエーションを初めて意識的に使うプロジェクトになりました。結果、今までになく大きなお金やリソースを回し、仮設建築物の販売という成果を出すことに成功しました。それは「つながり」から「場」への価値変容に見えます【③】。

この農地での多目的仮設空間建築のプロジェクトに至るまで、①何も関心がないところから「食」へ、②食から人と人との「つながり」へ、③「つながり」からの「場所」へ、とエフェクチュエーションを通して私の関心がスパイラルのように進化しています。それは、"Who I am"という、本質的に持っている〈手中の鳥〉を元手に、偶発的な出会い〈レモネード〉と、時には意図的な人との交わり〈クレイジーキルト〉を繰り返す過程で、多彩な新しい市場や製品の事業が生み出される経験でした。

これは、第4章のレモネードの原則に書かれているリフレーミングです。一見、何の関係もない多様な手段、目的や市場が、巻き込み力や巻き込まれ力により、素晴らしい経験や残念な経験という〈手中の鳥〉として育まれます。それは、時に連続的、並列的に生まれます。そして、その〈手中の鳥〉という経験から創り出されるフレームによって、自分自身の状態がリフレーミングされます。その結果、新たな解釈による新たな許容可能な損失のアイデアが再生産されるのです。

フリーランスにとっても「関心軸」が起業家と同様に重要なわけ
——ナラティブで表現する関心軸の効果

この章では、何度も「関心」という言葉が出てきました。関心は、起業家にとっても、フリーランスにとっても、エフェクチュエーションの根源に存在するものです。第8章においては、アイデンティティとして解説している部分です。この要素がなくなると、自分が持っている他の手段を有効に活用できません。そのなかでも、関心の範囲や方向性を表す「関心軸」が、エフェクチュエーションの行動に影響しています。エフェクチュエーションの5つの原則のなかでは、〈手中の鳥〉の“Who I am”の大切な要素の1つです。

改めて、「関心」とは何でしょうか。それは、ある対象に対して興味や注意を向ける心の状態や態度を指す言葉です。関心を持つことは、その対象について知識を深めたり、情報を追求したりする意欲や欲求を表します。ある契機によって生まれる関心は、価値を生み出し行動を起こします。行動を大切にするエフェクチュエーションでは、起爆剤のようなものと認識できます。

たとえば、第2章で出てくる株式会社生活の木の創業経営者、重永忠さんは、父親から受け継いだ「誰もやらないことを極める」に関心を持ち、ハーブ事業を立ち上げることに成功しました。アップルの創業者であるスティーブ・ジョブズは、もともと芸術や文学に興味がありましたが、リード・カレッジで、カリグラフィー（文字を美しく見せるための手法）のデザインにも関心をもち、美しい書体を搭載した初めてのコンピュータMacintoshを作りました。私の場合は、サイボウズでチームワークに関心を持ち、パエリアによるチームワークワークショップを、小さいながらも事業として作りだしています。

エフェクチュエーションの〈手中の鳥〉の起爆剤となるこの関心には、大きく2つの種類があります。それは、ポジティブな喜びの関心と、ネガティブな悲しみ・憂いの関心です。「表の関心」と「裏の関心」ともいえます。どちらもエフェクチュエーションの起爆剤です。「表の関心」とは、やっていて心の底から楽しいワクワクする関心です。たとえば、私のパエリア料理教室はそのよい例でしょう。一方、裏の関心とは、たとえば、何らかの欠点を侮辱されたことに対しての対抗心です。多くの起業家が「イノベーションはネガティブ感情から始まる」と言いますが、そうした既存のものに対しての怒りも「裏の関心」といえるでしょう。

では、このような関心がエフェクチュエーションを加速させることを理解したところで、誰もがその関心を意識でき有効に活用できるようにマネジメントできているかというと、それは疑問です（私もそうでした）。

そこで、どうやって、その関心やその関心の範囲や方向性を表す関心軸を見える化していくのかご紹介しましょう。その方法は、いくつかあります。たとえば、ストレングスファインダーがあります。それは強みから自分の関心をたぐり寄せます。裏の関心にフォーカスする場合は、ヒプノセラピーが効果的です。

ここでは、お勧めの手法を1つ紹介します。それは、「ワークグラム」というツールです。「ワークグラム」※4とは、セルフエスティーム・ジャパンの代表である西條美波さんが提供しているサービスで、自分が好きでないことを、努力によって得意になった能力やスキルは排除し、本来の純粋な喜びの関心軸だけで自分を可視化する自己理解ツールです。成果物は、ワークグラムセンテンスという文章で表現されます（現在の「ワークグラム」の成果物は、関心が描かれたピクチャーと文章で表現されますが、当時はワークグラムセンテンスという文章の形で表現されました）。

以下は、そのサービスで可視化された私の関心軸であるワークグラムセンテンスの一部です。

自分のなかから湧いてくる発想や閃きなどの内的活動を楽しみ、そこから「自由」に自身の活動のセルフプロデュースをし（クリエイター、プロデューサー、職人）それを表現（講演やWS、動画を通して）していくことで（表現者）、画期的な働き方やチームに関する考え方やアイデアを「すごいね！」と言われながら、社会を変えていきたいわけではなく、共感を得たい、一人一人が「好きと生きる」を形にできる社会になったらいいな、と深く祈るような気持ちで（祈り人）、日々楽しく活動する内観職人型プロデューサー！

言われたことを忠実にやること（兵士）、ルーティーン（ルーティナー）、勝負事（勝負師）、管理的なマネジメント（マネジメント）、何かを売り込むこと（積極的営業）、影すぎる奉仕（ムーン）、守護者（過去の何かを守ること）にはワクワクしていませんがありませ

※4　『多様な自分を生きる働き方 COLLABOWORKS（2020）』エッセンシャル出版., pp.120-129.

ん！（笑）

私は、この関心軸を認識してから、エフェクチュエーションの行動で迷ったときに、この関心軸に照らし合わせ、優先順位をつけた意思決定が素早くできるようになりました。たとえば最近、私は「ワクワクする学校を創りたい」という関心が強くなってきています。積極的にたくさんの学校に視察に行っていますが、どの学校とどれくらい関わりを持つかという判断をするときに、このワークグラムセンテンスを思い出しています。たとえば、この学校と関わると、どれくらい「すごいね！」と言われる〈クレイジーキルト〉ができそうか、また、社会を変えていきたいわけではなく、〈許容可能な損失〉で、関わっていれば自然に社会が変わっていけそうかなど、優先順位や関わり方の濃淡の判断をしています。とても便利です。

この関心軸の言語化は、私のようなエフェクチュエーションの意思決定だけでなく、エフェクチュエーションで、最初の一歩の「やりたい」ことを、見つけられない人にも有効です。子どもの頃から今の自分まで、どんなことを経験し、どんな時にワクワクしたか、どんな時に悔しい思いをしたかなどを棚卸しすることで、誰もが持っているエフエクチュエーションの起爆剤である、〈手中の鳥〉の関心軸を見つけることができます。

この関心軸を表現するときに大切なことは、私の関心軸の文章のように、より具体的な言葉で表現することです。お勧めしない表現は、「デザインに関心がある」「知的成長や発展に関心がある」、または「無条件の愛・普遍的な善意に関心がある」といったものです。なぜなら、これだと抽象化しすぎて、具体的にワクワクする関心軸のポイントがわからないからです。ストレングスファインダーで自己分析する時も、導かれたワードをもとにナラティブで表現しましょう。

起業家が意識せずエフェクチュエーションでの「関心軸」をマネジメントしていること、そして誰もが「関心軸」をマネジメントできることを具体的に解説してきました。これで、あなたも、正真正銘のエフェクチュエーターになることでしょう。

第10章

企業での エフェクチュエーション マネジメント

ビジネススクールでの授業や企業のセミナーで、私は次のような質問をされることが何度もありました。

「私は会社で新規事業開発を担当しています。会社はコーゼーションで経営されていて、事業計画書がないと企画が通りません。企業のなかでエフェクチュエーションを実践するにはどうすればいいですか？」

私が知る多くの企業は、コーゼーションに基づいて経営をしています。経営会議では、事業計画書が起案され、市場規模、それに対しての戦略・分析・投資が語られ、最終的には期待利益に基づいて事業化の承認がされます。まさに予測可能な市場を前提にした承認プロセスです。これが悪いことではなく極めて利点も大きいのは、企業の経営者、株主、社員にわかりやすく説明でき、意思決定ができるからです。

しかし、この方法だけで経営をしていると、予測不可能な市場に対して新しいイノベーションは起きにくくなり、強みを持てない企業は厳しい競争を強いられることになります。にもかかわらず、私の社会人経験を通じて、予測不可能な市場に対して、無理やり事業計画書を策定して経営会議に臨む景色を私はよく見てきました。

この章では、エフェクチュエーションの5つの思考様式を、企業内でどう利用していけばよいのかを、私が所属しているサイボウズでの新規事業開発「ラーニングコミュニティ事業」を例に解説していきます。新規事業開発において、エフェクチュエーションを使うための仕組みの1つとして参考にしていただくことが、この章の目的です。

エフェクチュアルな人材採用
——エフェクチュエーター永岡さんとの出会い

ラーニングコミュニティ「PICスクール」は、2021年4月16日、サイボウズのスクール事業としてスタートしました。PICとはポジティブ・インパクト・チャレンジ（Positive Impact Challenge）の略で、職場やさまざまな活動において、自律的に働くためのマインドセットとスキルセットを学び、自らも教えるスクールです。考案者は、永岡恵美子さんで、彼女は2014年5月にサイボウズに入社してきました。

彼女は、新卒で銀行に入社し、その後5回の転職の後、千葉市の起業家支援施設の館長として活躍していた経歴の持ち主です。館長の任期も残りわずかなころ、以前、同じ銀行で働いていた知人からサイボウズ副社長を紹介され、面接を受けたことが、入社のきっかけだったと聞いています。その面接では、彼女が銀行の役員をはじめ多くの人脈を持っているということ、そして、必要であれば青野さんの秘書ができるということで採用が決まりました。入社日から何か役割を期待されての入社ではありませんでした。その後、青野さんには、自分でスケジュール管理などはやるので、秘書は必要ありませんと言われたそうです。入社早々、いきなり失業です。

このような採用は、会社の視点から見るとどう見えるのでしょう。一般的な人材採用は、まず会社が達成したい事業があり、それに不足している人材を獲得するために募集をするというのが一般的です。これは、コーゼーション採用ともいえます。一方で、この永岡さんの採用は、あらかじめ欲しい人材のポジションがあったわけではない、エフェクチュエーション採用にしか見えません。

それは、副社長をきっかけに、彼女と会社とが出会うという思いもかけない〈レモネード〉があり、サイボウズ側は、採用に関わる報酬などの〈許容可能な損失〉の範囲だったために、永岡さんというパートナーを採用するというコミットメントを提供し、結果的に両者の間で〈クレイジーキルト〉が形成されたように見えます。

この採用によって、サイボウズでは、普通のＩＴ企業にはない、大変ユニークな人脈を持った〝誰を知っているか？〟という〈手中の鳥〉を新たに獲得しました。しかし、その人脈によって、どうサイボウズに貢献してもらえるかは、このときはまったく未知数でした。そのような彼女が、サイボウズの柱であるグループウェアの事業から、一見して関係なさそうなスクール事業をどう開発していったのか、また、会社側の態度はどうだったのかを、この後に紹介していきます。

プロトタイプ「地域クラウド交流会」——企画書ではない企画書

永岡さんは、入社後7か月間は、特に指定された仕事はありませんでした。ITには詳しくないとはいえ、Facebookの活用に長けていた彼女は、サイボウズのキントーンの資格を取得したり、私の地域創生がらみのキントーン提案やセミナーに同行したりと、サイボウズでできることを少しずつ増やしていました。並行して、自分の強みである人脈を使ってサイボウズの商品を紹介していました。ただし具体的な提案はできないので、社長室の同僚や営業などを連れて行っていたことを思い出します。

入社後の試用期間が終わる3か月に入る前、彼女は青野さんと「ざつだん」の時間をとりました。ちなみに、サイボウズでは、会社以外のことも含めて、対話するミーティングのことを、〝ざつだん〟と言っています。そのざつだんで、青野さんは、彼女にこう言ったそうです。「永岡さん、サイボウズで、楽しく働いてください。しかし仕事は与えないので、作ってください」入社後のオンボーディング期間において、このような声がけをする会社はあまり一般的ではありませんが、そのような心配をよそに、彼女は、サイボウズにどんな仕事を作れるかを考え、社内の人と積極的に行動していました。

たとえば、当時別のチームで行っていたサイボウズのクラウド商品であるキントーンを地域で認知してもらうためのイベント「キントーンカフェ」に、彼女は積極的に参加していました。そのイベントでサイボウズのしたいことをより具体的に理解し、彼女自身の〈手中の鳥〉として獲得していました。

一方で、起業家支援施設の館長時代にお世話になった人たちへの挨拶にも行っていました。そうすると「永岡さんがやっていた起業家を応援するイベントがなくて寂しい」という声があり、それもまた彼女の〈手中の鳥〉として受け止めていました。

そこで2つを足し合わせる形で、「起業家応援＋サイボウズ」というアイデアが湧きました。ちなみに、館長時代に企画していた起業家を応援するイベントというのは、Facebookだけで起業に関心のある人を毎月100名以上集め、ときには、千葉市長やちょっとした著名人が参加して、地域を盛り上げる催し物のことです。そのイベントのノウハウを元手に、キントーンの認知拡大のための活動を一緒にできないか、と妄想し始めたのです。

さて、皆さんは、こういうアイデアを思いついたときに、会社に承認をもらうためにはどうしていますか？　おそらく、企画書などにまとめて稟議を通すことを考えるかもしれません。永岡さんの場合はどうしたかというと、いわゆる企画書というフォーマットではなく、自分のノートに具体的な進行表をメモで書いていました。たとえば、「××時××分　市長の挨拶、××時××分　大人のラジオ体操……」というようにです。

そのメモは〈許容可能な損失〉として、社内では私を含めた社長室のメンバーに何度も共有され、また、社外でも、それを活用して千葉市役所や千葉県庁の人たちから〈クレイジーキルト〉として、アドバイスをもらっていました。そうすることによってアイデアは、実行可能で、かつ関係者から共感されるものとして、ブラッシュアップされていきました。

そうやってできた企画はやがて、一般的な企画書ではなく、告知をするレターのようなものになっていました。彼女は、その企画内容について、必要な情報だけに絞ってFacebook上にアップします。一般的な企画書は、社内の理解のためのフォーマットなので、SNSに投稿するには、文章を作り直さなくてはなりません。それに対してレタ

〈永岡さんの企画書〉


皆さん、こんばんは。そろそろお時間となりますので、「地域クラウド交流会」スタート！

今日は、お集まり下さいまして本当にありがとうございます。

ねぇ、何んかね〜、お久しぶりですね。あ、はじめましての方も、ありがとうございます。

まず、こうれいのアイスブレイクから、どうしようかな〜って考えて、皆さんっていっても5人くらいですけどアンケート、とってみたんです。そしたら、やっぱり皆ないや5人ねやりたいというので、準備しましたよ、「大人の本気のラジオ体操」

「応援し隊」の方、前へ　そして、おおきなかけ声でお願い致します!!
→しんちゃん、オッチー、やまちゃん、手をひろげて体育のときのように人とぶつからないように、体がほどよくほぐれたところで、
1. 地域で地域を応援することのできる仕組み　ちゃんと経済がくるっとまわるしゅんかんが作りたい。
2. で、考えたのが「地域クラウド交流会」　1回でおわらない、次につながる応援と関係性がつくれる。
3. ではそのやり方というか方法をせつめいすると、
4. これからテーマ「女性活躍と起業」について、ふさわしい、プレゼン者にプレゼン3分間、
5. それをきいて、一番応援したいと思ったビジネスに、おひとり1票回、投票して下さい。

ーは、外部の人に案内するためのものであり、SNSで拡散するうえで好都合なフォーマットなのです。

たとえば、〈永岡さんの企画書〉で箇条書きになっている最初の部分は、イベントの司会者のシナリオという手段で表現されていますが、1〜2は開催の趣旨、3〜は、進行の案内になります。これにより、すぐさま告知ができるのです。

その結果、企画は千葉市で100名以上を集めるイベントになります。その最終回は、千葉市長と青野さんの対談企画もある魅力的なものになり、このイベントは「地域クラウド交流会」と名付けられました。1月から3月まで月に1度行われたイベントは、各回、違った登壇者

や参加者との連続的な〈クレイジーキルト〉のプロセスによって、このイベントにおける〈新しい市場〉のプロトタイプとして浮き彫りになったと解釈します。

このエフェクチュエーションのプロセスを通じて形作られた企画は、サイボウズにとって、どのように見えるでしょうか。それは、永岡さんという、会社にとっての手持ちの手段〈手中の鳥〉を利用して、彼女が動くコストだけで開催できる〈許容可能な損失〉の範囲のイベントであり、それを実行することによって、彼女がプロデュースする地域との新しいつながりが生まれます。

こうして形成される〈クレイジーキルト〉により、サイボウズと千葉市長というトップ同士の信頼を獲得し、かつ、300名以上の起業に関心のある人たちにキントーンという製品を認知してもらうことが可能になります。これは会社にとっての、新しい〈手中の鳥〉の獲得と意味づけられます。

さて、サイボウズは、どうやってこの企画を容認し、実行できたのでしょうか。一般の企業とサイボウズとのやり方の違いはなんでしょうか。一般的な企業では、このような事業を行う際には、まず起案者が企画書を用意し、部門の会議で決裁を仰ぐでしょう。その企画書のフォーマットでは、目的をはっきりさせることが求められるゆえに、コーゼーションの思考で作られたものになりやすく、その結果、承認を得るためのやり取りは、企画書の粗探しのようなコミュニケーションになりがちです。

一方で、今回永岡さんがとった方法では、企画書を作らず、そのかわりに、手持ちのアイデアを、イベントでのセリフやレターのドラフトのような形式で、こまめに広く関係者に共有していました。こうした非公式のコミュニケーションを含む取り組みによって物事が進んでいく様子は、昭和の時代であれば「会社の企画はタバコ部屋で決まる」と言われたように、タバコ部屋での何気ない会話や手持ちのメモで、企画が進む振る舞いに似ているかもしれません。

こうした抽象度が低いやり取りがあるからこそ、それがどのような文脈を持つのかを含めて、企画に対するメンバーの理解を深め、企画がそこに関わる人々にとっての〈許容可能な損失〉の範囲に調整されて、実行を可能にするのです。

ちば起業家応援事業のチャレンジ
――許容可能な損失と組織構造

さて、〈新しい市場〉のプロトタイプとして浮き彫りになった「地域クラウド交流会」は、開催した3回とも300人以上の人が参加し、朝日新聞やテレビ局から取材もあり、大成功に終わりました。さらにメディア以外にも、千葉県庁の創業支援担当者も自腹で参加費を払い参加していました。この担当者は、大変感銘を受け、その後、千葉県内のさまざまな地域でこの取り組みを展開したいと考えました。

これをエフェクチュエーションで表現すると、千葉県庁の職員が、〈許容可能な損失〉に基づいてこのイベントに参加し、創業支援担当者としてのアイデアと、このイベントを通じて得た経験から、千葉県の事業になりうる新たな〈手中の鳥〉を得たと確信します。

そして、永岡さんが入社からまもなく1年を迎える頃、2015年4月に、千葉県から「平成27年度　ちば起業家応援事業」という予算額1200万円規模の募集が始まりました。この事業の目的は、女性・若者・シニア等の新たな発想による起業を促進するとともに、起業家を育成していくためビジネスコンペティションを実施するなど、啓発から起業支援、経営支援、人脈づくりまで一貫した支援を行うことでした。そう、それは、前述した創業支援担当者が企画した事業だったのです。

永岡さんは、さっそく、地元千葉での人脈や、起業家支援施設の館長の経験、そして2015年1月に行ったプロトタイプの「地域クラウド交流会」という〈手中の鳥〉を元手に、なおかつ自分一人でも完結できる〈許容可能な損失〉の範囲で、サイボウズに対して何ができるかを考えて、この事業に応募するための企画を始めました。そして、この事業は、複数の組織でコンソーシアムを組んで応募するものでしたので、永岡さんは、そのパートナーも探します。

彼女は、〈許容可能な損失〉で、パートナーになりそうな組織に出向き、サイボウズが、千葉県の市町村の首長を含む基礎自治体と信頼関係の獲得をしたいということ、そして、複数の地域の起業家へのサイボウズ製品の宣伝機会を作りたいということを、〈クレイジーキルト〉でおねだりします。そのおねだりには、パートナーへの見返りも含みます。具体的には、彼女が今まで培ったこの事業に対しての経験と運営ノウハウの提供、そして、集客においてサイボウズのブランドを使えるということです。この事業をやりたいパートナーにとっては大きなメリットです。

なお、第9章でも解説しましたが、私がよく使っているおねだりという言葉は、単に自分のやりたいことをおねだりしているわけではありません。相互の win-win を前提としたもので、エフェクチュエーションでは、Co-creative ask といっています。

その Co-creative ask によって、永岡さんは、コンソーシアムのメンバーと共創し、最終的に、サイボウズのやりたいことを、コンソーシアムの事業提案の具体的な運用方法に組み込み、新たな手段である〈手中の鳥〉として獲得することに成功しました。

具体的には、ビジネスコンペティションの投票をサイボウズのキントーンを使って行う、また、コンペティションの優勝者には、キントーンの1年間の利用ライセンスを贈呈するという建てつけです。そして、2015年5月に、サイボウズはコンソーシアムチームの一員として、見事事業を受託できました。

サイボウズ側から見た場合、この企画は、これまでに取り組んだことのない、とても目新しいアイデアに見えました。しかし同時に、社内のソフトウェア事業には直接関係のない事業への応募であるため、サイボウズにとっての成果も初めはよく理解されませんでした。しかし、2015年の1月から行った3回のプロトタイプ「地域クラウド交流会」の結果からも、企画された新しい取り組みは、永岡さんの人件費だけで実行可能なものであり、それは、サイボウズにとって〈許容可能な損失〉の範囲でできるものとして理解されたため、大きな反対もなく進んだことを記憶しています。

またこの事業が、サイボウズだけではなく、社外のパートナーも巻き込んだコンソーシアムチームで実施される企画であったことも、実現可能性にとって重要だったといえます。もし、この事業がサイボウズだけで行う企画であったならば、〈許容可能な損失〉を超えると判断され、実行できなかったかもしれません。

企業におけるエフェクチュエーションの活用においては、この事例で見たように、ま

ちば起業家応援事業のチャレンジ　～許容可能な損失と組織構造～

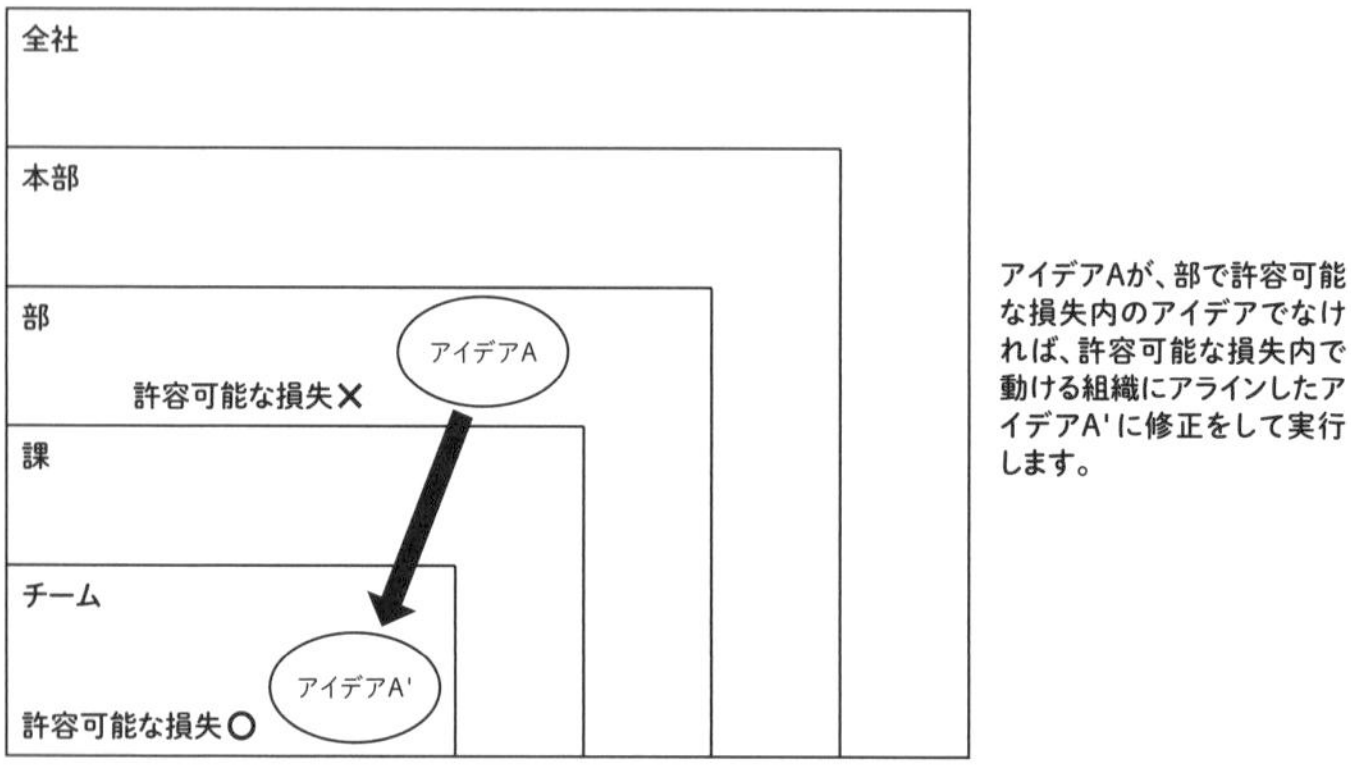

アイデアAが、部で許容可能な損失内のアイデアでなければ、許容可能な損失内で動ける組織にアラインしたアイデアA'に修正をして実行します。

ずは〈許容可能な損失〉の範囲で可能な限り小さく、そして早くプロトタイプを作成・実行し、その成果を見ながらさらに大きな活動に展開していく、というのが有効な方法です。

　その際に考慮するポイントは、〈許容可能な損失〉を、どの責任者・権限で意思決定するのかを見定めることです。たとえば、部下がエフェクチュエーションを活用して行動する場合には、上司が、「いいよ」と言えるだけの〈許容可能な損失〉の範囲で行動を起こしたほうがよいでしょう。

　また、エフェクチュエーションを試みる部下をマネージャーが支援しようとするときには、自分の〈許容可能な損失〉

のなかで決裁できるものにするために助言することも有効でしょう。企業におけるエフェクチュエーションの行動では、その行動を決裁する組織の範囲や決裁者とのパートナーシップの関係をデザインすることも同時に求められます。

ちば起業家応援事業からサイボウズとしての地域クラウド交流会へ
――事業計画書を作らない経営会議での容認

永岡さんが、千葉県から受託して始めた「ちば起業家応援事業」は、その後もさらに、アップデートしていきます。彼女はどうやって、千葉県での事業を、サイボウズとしての「地域クラウド交流会」に発展させていったのでしょうか。それは、エフェクチュエーションの共有の連続性にありました。

永岡さんが2015年度に開始した千葉県の事業は2016年の2月まで続きましたが、その開催予定は、2015年9月の時点ですでに明確になっていました。そこで彼女は、まだ「ちば起業家応援事業」が終わっていないのにもかかわらず、この成果を事例として紹介する「地方創生セミナー」を2016年2月に開催することを、全国の行政機関、金融機関、商工会、商工会議所等支援機関などに対して企画をするのです。さらに、２０１６年2月以降の地域クラウド交流会のニーズを知るために、営業も始めていました。

具体的には、この千葉県の事業を行っている間に、関心のある人にリアルに見にきてもらうことにしたのです。理由は簡単で、どんなに提案書を書いて説明しようが、「地域クラウド交流会」を理解してもらうのにリアルに勝るものはないからです。

エフェクチュエーションで解釈すると、この視察は単に内容を知っていただく手段だったのではなく、さまざまな人々との〈クレイジーキルト〉を形成する機会にもなっていました。それによって、多くの方の共感という、新たな〈手中の鳥〉を得ることに成功します。

そうした営業活動の結果、２０１６年初めには、早速、飛騨高山や釧路でも同様の地域クラウド交流会の開催が確定されていきました。さらに、2月に企画された成果報告の「地方創生セミナー」には、１００名もの方が参加し、翌年度２０１６年度に展開される地域クラウド交流会の賛同者をさらに広く集めることにつながります。

さて、ここで課題が生じます。それは、２０１５年度までは、千葉県の事業を受託して行ってきたわけですが、サイボウズが主催するものについては、運営資金がないことでした。そこで、彼女が考えたのが、今まで千葉県で行い、必ず１００名の参加者を集客してきたイベントの経験をもとにした「運営マニュアル」と、開催現場でOJT的な手ほどきをする「コンサルティング・サービス」を一緒に提供する事業を始めることでした。

この事業は、「地域クラウド交流会」を地域で主催する人を顧客とし、50万円で提供するものです。地域で主催したい人とは、その地域を活性化したい人であり、そして、活性化することによって（今までサイボウズが行ってきたように）地域の人や自治体から信頼を勝ち取りたい人です。

さっそく営業をして、2016年6月18日、北海道釧路市で171名の参加者を集め、事業化の一歩を飾るのでした。そして、その実績を〈手中の鳥〉として、2016年8月にはサイボウズで承認をもらい、「新規事業『地域クラウド交流会開催支援プログラム』を開始」というプレスリリースを出し、事業を正式にスタートさせるのです。

さて、サイボウズの経営陣は、こうした永岡さんの活動をしっかりと観察していました。たとえば、週に一度ある全社の経営会議においても永岡さんの活動は共有されており、2016年に向けた内容はこのように報告されています。

【２０１５年８月20日の経営会議の社長室の報告事項】
〇地域クラウド交流会の営業
岐阜県高山市　東京事務所長に提案。
８／８ 開催の佐倉市の交流会にご参加いただく予定。
〇全国展開組織へのアプローチ
信金中央金庫、しんきん地方創生支援センターなどとキントーンの提案。
全国の信金さんと連携して『地域クラウド交流会』を開催できないかの相談。

この報告は、みなさんにとって経営会議に出される内容としてどう感じますか。結構、細かいことだと思いませんか。永岡さんが、活動している事実のある日のスナップショットとして報告しているだけでは、報告されている第三者からは、「……でどうしたの?」「……なんのため?」ということになりますが、これを毎週続けていることにより、なんとなく、活動の世界観が伝わってきます。これがエフェクチュエーションを社内で動かすために大切なことなのです。なぜなら、〈手中の鳥〉という手持ちの手段で行動していることしか、報告することがないからです。
その結果、事業計画書を使った説明という行為も行われず、連続的な活動を共有することによって、この新規事業の開発は短編小説のように理解され、時には質問を受けながら、さらには興味を持った経営陣が実際に「地域クラウド交流会」に参加することも起き、特に反対意見など出されることもなく進みました。

一般の会社では、このような結果が予測不可能な計画に対して、KPIなどの数字の報告だけで運用するケースが結構あるのではないでしょうか。そして、その数字の状況が悪いと「なぜできないのか」「どんな資源を投入すれば達成できるのか」と議論されるケースをよくみます。

こうしたやり取りは予測可能な事業であれば有効ですが、新規事業のような予測不可能な事業においては無駄な労力と時間を費やすだけにとどまらず、企画担当者への過剰なストレスにつながり、モチベーションを落としてしまう可能性もあります。

事業の初動において細かい状況を経営会議で連続的に共有する方法で、大きな問題もなく進んだというサイボウズの永岡さんのケースは、他の企業でも真似をしてみるだけの価値があるはずです。

地域クラウド交流会の新しい意味づけ
——企業ビジョンがエフェクチュエーションを牽引する

さて、2016年8月から2017年7月までの1年間で、地域クラウド交流会は、約28名の主催者により46回開催され、延べ228名の起業家たちが参加しました。

ところが、これだけ主催者の数が増えると、開催現場でOJT的な手ほどきをするコンサルティング事業は、永岡さん一人で対応するため質は高いのですが効率が悪く、より多くの主催者を育成するうえでのボトルネックになっていました。当初には想定されていなかった、主催者をOJTで育成する限界が訪れたのです。これはまさに、〈レモネード〉で解決すべき状況でした。

そこで、考え出したのが、今まで約3か月間の実習中にマンツーマンで育成してきた取り組みを、2日間の研修生を集めた合同研修と、その後に研修生同士で連携・サポートし合えるプログラムへと変更することでした。主催者に「オーガナイザー」と称してもらうことも大きなポイントです。オーガナイザーとは、名前のごとく、地域クラウド交流会を地域で組織化するリーダーのことです。

一方で、地域クラウド交流会を46回も開催しているなかで、見えてきたものがありました。それは、地域の人々が、チームになっていることです。サイボウズでは、チームワークを、「理想があり、それに共感し、役割分担をして、理想に向かって協働を行う」ことと定義しています。地域クラウド交流会でも同じように、オーガナイザーがその地域の起業家を集め、応援する市民たちがその起業家の理想に共感し応援するチームができていることを目のあたりにしていったのです。

ここで永岡さんは、「地域クラウド交流会が、サイボウズの製品を知ってもらうプログラムになっている」だけではなく、むしろ「このプログラムが、サイボウズが企業理念に掲げるチームワークを各地域で創るものとして重要である」と意味づけするようになるのです。まさに、最初から目的として狙ったものではない、唯一無二な価値を持つ事業になっていくのでした。

さて、2017年7月に永岡さんは初めて経営会議に事業計画を起案します。起案の内容は、「実習型サービス内容の価格の改定と研修型プログラムの新設」でした。サイボウズでは、価格を決定するときには、経営会議にて承認をもらうというルールになっていますが、スタートした段階は、価格は全社で共有していたものの、まだ予想可能な事業計画も立てづらく、売上規模も小さかったためか、起案と承認プロセスはしていませんでした。

地域クラウド交流会の新しい意味づけ

	2017年6月まで ➡	2017年7月以降
サイボウズのビジョン	チームワークあふれる社会を創る	
サイボウズの事業	グループウェア事業	新しい研修事業
地域クラウド交流会の意味付け	サイボウズやグループウェアkintoneを起業家や行政に認知してもらう事業	オーガナイザーを育成して地域を企業によってチームにする事業

しかし、この起案をきっかけに、2018年8月までの1年間に100名のオーガナイザーを育成することが目標として掲げられ、取り組みにおけるコーゼーションの要素が少しずつ大きくなっていきました。理由は簡単で、それまでの〈手中の鳥〉の蓄積によって、地域クラウド交流会の事業の展開は、十分予測可能なものになったからだといえます。また、経営会議での資料には、サイボウズの存在意義ともいえる「チームワークあふれる社会を創る」に沿った、この事業の意味づけも言語化されました。これによって、永岡さんがエフェクチュエーションの実践を通じて生み出した新たな取り組みは、サイボウズの事業として明確

に位置付けられたのです。

さて、一般的な企業で、エフェクチュエーションがうまくいかないときに使えそうなワザが、このシーンにあります。

エフェクチュエーションは、すでにおわかりの通り、最初の時点で目的が明確に設定されているわけではありません。そのために、その取り組みを会社としてなぜやるべきなのか、という説明に苦慮することがあります。

そこで利用できるのが、企業のビジョンや存在意義です。たとえば、手持ちの手段で、新しい行動を始めたとしましょう。何回か、エフェクチュエーションのサイクルを回して、新しい〈手中の鳥〉を得ていく過程で、この行動をその企業のビジョンを実現する手段の1つとして解釈できないだろうか、と考えてみるのです。もし、会社のビジョンを達成する1つの手段として意味づけられるのであれば、経営幹部やマネジメント層に、なぜそれをやるべきなのか、を説得するワザとして利用すべきです。

ただし、1つ留意する点があるとすれば、そのビジョンが、形骸化してしまった社是のように、単なる置き物になっている場合です。形骸化したビジョンがそのまま残っているような会社では、それを盾にしてエフェクチュエーションを説いたところで納得はされないでしょう。

「レモネード」で生まれた「ラーニングコミュニティ事業」
――個人の関心によるマネジメント

地域クラウド交流会は、2019年11月には、参加者が2万人を突破し、21都道府県63市区町村で開催されました。地域をチームにするオーガナイザーも、当初の目標には達しませんでしたが、45名に拡大し、研修収益も伸びていました。また、2020年には、地域クラウド交流会を主催する金融機関8社が内閣府より表彰を受けました。

しかし同年、中国武漢から発症した新型コロナが日本に上陸し、猛威をふるいます。そして、2020年に予定されていた地域クラウド交流会が一気に中止になる経験をしました。永岡さんにとっては想定外のことでしたが、そんなことも気にせず、持ち前の〈手中の鳥〉で、彼女は、別の事業を考え始めるのです。

さて、ここで注目すべき、持ち前の〈手中の鳥〉とは、どんなことなのでしょうか。それは、人の一番根幹にある、喜びやワクワクの関心軸です。たとえば、永岡さんの喜びの関心軸は、「人の変容を後押しする教育者」です。このスタンスで振る舞うことが、彼女の喜びなのです。地域クラウド交流会で彼女の喜びを表現すると、研修を受けたオーガナイザーが、より地域のリーダーに変容していく様子にワクワクします。だから、

〈レモネード〉で生まれた「ラーニングコミュニティ事業」

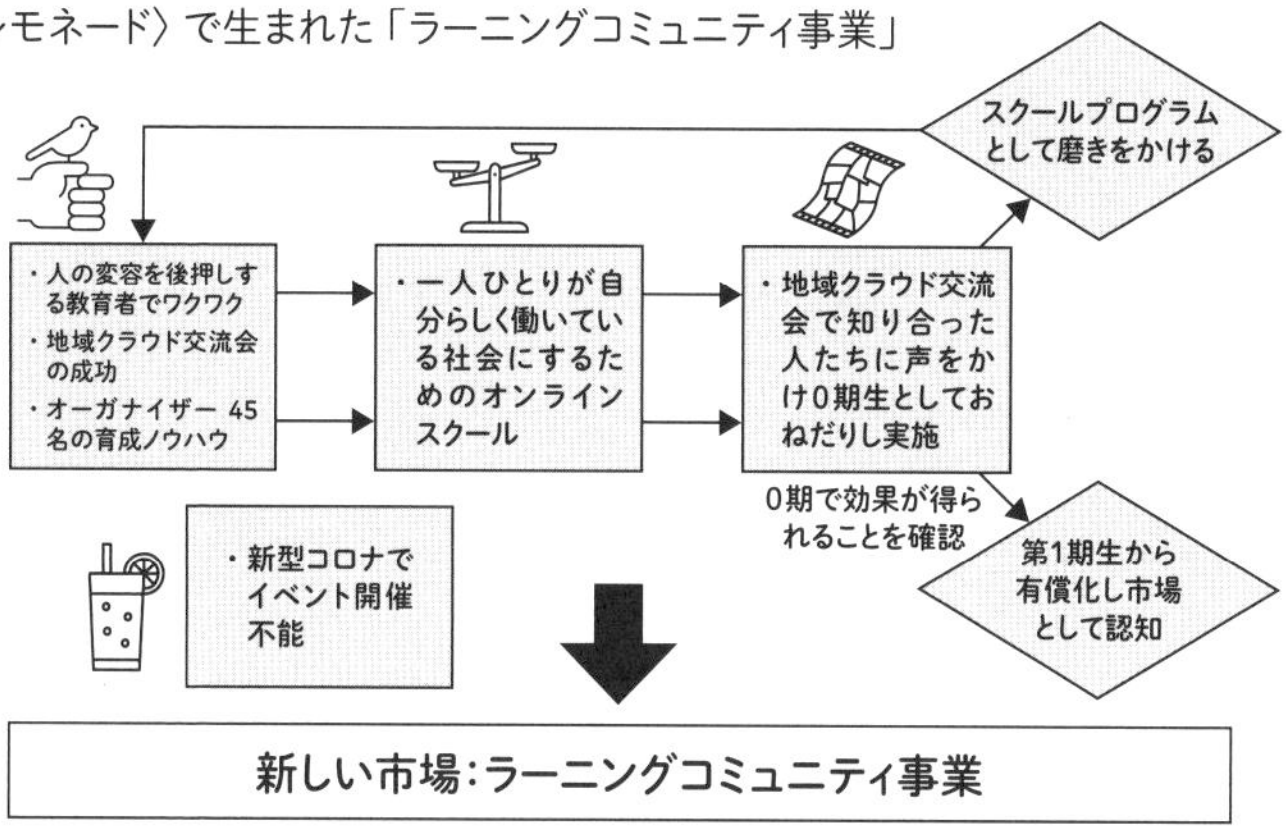

〈レモネード〉
新型コロナでイベント開催不能になったかわりに、地域クラウド交流会で得たオーガナイザーの育成ノウハウを元手に、オンラインスクールを許容可能な損失で実行。スクールプログラムとして磨きをかけ新しい市場を見い出しました。

彼女は、いつもモチベーション高く、少々難しい課題があってもさまざまなアイデアで問題を解決していくのです。

ところで、今は、このように彼女の喜びの関心軸と地域クラウド交流会の振る舞いを説明できるのですが、私が2018年に社長室長になった当初は、なぜ彼女が地域クラウド交流会のような企画をするのかを、本質的なところでは理解できていませんでした。彼女もうまく表現できていませんでした。

そのようなとき、2019年に喜びの関心軸を提唱している西條美波さんに出会い、社長室の関心を持ったメンバーで、ワークグラムというセッションを受けることになりました。そこで永岡さんの関心軸を知ることになるのです。それによって、永岡さんが新たな事業として進めた理由をすんなりと理解でき、私はマネージャーとして、よりよいコミュニケーションができるようになりました。私が社長室でエフェクチュエーションをマネジメントするために、とても大切なものを認識した瞬間でした。

さて、永岡さんは、新型コロナで地域クラウド交流会ができなくなるという〈レモネード〉をきっかけに、そして「人の変容を後押しする教育者」という喜びの関心軸の〈手中の鳥〉を元手に、２０２０年には新たな事業「サイボウズＰＩＣスクール」というオンラインでのラーニングコミュニティをスタートさせます。

ＰＩＣスクールというのは、ポジティブ・インパクト・チャレンジの頭の文字を使っており、プリセプターという先生とスクール生から成り立っています。事業収益は、サイボウズが直接行うスクール料金とプリセプターになるための料金、およびスクール生やプリセプターが学び合うコミュニティの年会費です。

そして、このＰＩＣスクールというラーニングコミュニティは、一般的な企業でモヤモヤして働いている人たちが、スキップして仕事に行けるようになることを狙いとしています。なぜ、そのコンテンツができるかというと、地域クラウド交流会で実証されている、楽しく活動されているオーガナイザーの育成ノウハウ〈手中の鳥〉を元手に〈許容可能な損失〉で開発できるからです。

ところで、このＰＩＣスクールは、永岡さんにとっては思いのある事業ですが、サイボウズにとってはどんな意味があるのでしょうか？　この企画が出てから、私は社長室のスローガンとＰＩＣスクールの関わりについて、彼女と対話を続けていきました。当時の社長室のスローガンは、チームワークあふれる社会を創るために「情報格差のない自律分散型の社会を創る」でした。自律分散型の社会を創るためには、人が自律していることが１つの要素です。そのために、ＰＩＣを社長室のスローガンを達成するために必要な活動であると、後から目的を位置付けたのです。

このように、マネージャーは、メンバーのエフェクチュエーションを後追しするために、メンバーの〈手中の鳥〉である〝私は誰？〟という関心を理解することが肝要です。そしてさらに、その関心から育む行動が、企業のビジョンにとってどういう意味を持つのかを紡ぎ出す大切な役割もあるといえるでしょう。時には、その関心から育んだ内容が、企業のビジョンの変更も検討させる役割が経営幹部にはあるかもしれません。

PICのさらなる事業拡大へ
――マーケティングプランはコーゼーション？ それともエフェクチュエーション？

2022年になり、PICスクールの参加者は73名になり、その内、PICの先生になる資格所得者であるプリセプターは33名にもなりました。また、PICの売上は、サイボウズのスクール売上とプリセプターが行うスクールの売上を合わせて1000万円を超えるまでになりました。

この頃には、マーケティングを学んだ永岡さんは自分自身でホームページを完成させ、さらには、今まで個別に請求書を作っていた業務をクレジットカードでの支払いで効率化するためのEC機能を、社内のチームに協力してもらいながらサイトに連携をしています。PICの売上実績によって形成した信頼をもとに、社内でのリソースの動員もうまくやれるようになっていました。そして彼女はマーケティングプランを立て、毎月のスクール申込者の獲得を目標にFacebookなどを使った広告出稿も開始します。

それから3か月たった頃、彼女は、マーケティングをしながら、スクールプログラムを回すことに限界を感じるようになりました。そこで、相談に乗った私は、マーケティングの専門家を雇ってはどうかというアイデアを出しました。すぐさま採用グループに相談をして募集を開始した彼女は、６月には素晴らしい人に巡り合い、採用に至りました。

その後、永岡さんと新しく採用された人とのＰＩＣ事業の作戦会議では、売上、費用、損益だけにとどまらず、いつまでに、何人のスクール生を育てるのかまで具体的に議論されました。その過程で、今立てている費用構造やマーケティングアクティビティに矛盾があることを見つけ是正していきます。

それは、今までに見たことがないもので、かつ、コーゼーションのような振る舞いに見えます。しかし私自身は、完全にコーゼーションのプロセスとしてマネジメントをしているわけではありません。では、どのように私は、数字で表記された事業計画を扱っているのでしょうか。

それは、「見立てとしての事業計画」です。見立てでない事業計画の場合は、その事業計画で掲げた数字を達成するために、執拗に頑張り続けます。たとえば、今年の目標は、売上が１００億円で利益が1億円と計画を立てれば、その目標達成に向けて、さまざまな手段を選び資源を投下していきます。

一方で、この事業計画を目標ではなく「見立て」として捉えるということは、エフェクチュエーションで解説すると、こういう数字の予測を〈手中の鳥〉として意味付けることといえます。シミュレーションと言い換えてもよいでしょう。

こうした計画を実行すればこうした数字になりそうだ、という仮説は、「何を知っているか」の要素とも解釈できるため、それを元手に〈許容可能な損失〉の範囲で、マーケティングアクティビティのサイクルを回し、期待された通りの、あるいは想定外のものを含む顧客のコミットメントを獲得して、〈クレイジーキルト〉を作り出しながら、再び、事業計画の費用構造や必要であれば仕組みも修正していきます。

私のマネジメントにおける事業計画とは、目標を固定するためのものや、予算をとりにいくためのものではなく、むしろ次の手段を紡ぎ出す、「資源」としての事業計画なのです。


このように一見、コーゼーションのように見える事業計画もまた、エフェクチュエーションのプロセスにおいて活用できるツールになるということを覚えておくと便利です。コーゼーションで使われる、ビジネスモデルキャンバス、3C分析、マーケティングの4Pなどのフレームワークも、同じように利用可能です。サイボウズでは、他の会社ではよく行われる、中期計画などを作らないかわりに、経営トップの青野さんから社員まで、見立てでさまざまなツールを使う習慣があります。具体的には述べられませんが、たとえば、未来の製品・サービスをイメージするときに使われるのが、メタファ（比喩表現）です。普通の人が知っているもので表現することは、適度な抽象度でわかりやすく、新たなアイデアが出る余白もあります。こうしたツールは、結果が予測不可能な企画に対して、前に進める際の武器になります。

ただし、その時に注意しなくてはならないのが、説明する相手にもまた、この計画や数字はあくまで「見立てで置いている」ということを知らせる必要があることです。知らせるための方法はいろいろありますが、たとえば資料のなかに、「見立て」や「ドラフト」と書いてもよいかもしれません。私の場合、「思考投資用資料」と書いています。

会社でもがいても、新規事業の企画が通らない⁉
——あなたはどうしますか？

さて、この章では、「企業のなかでエフェクチュエーションを実践するにはどうすればいいですか？」という問題に対してお答えしてきましたが、いかがだったでしょうか。

これらを理解しても、会社のなかでエフェクチュエーションの5原則を使った新規事業開発を実行するのは難しいかもしれません。

それにはさまざまな原因が考えられます。たとえば、その会社が経営難により新しい事業を興すより今の事業に集中したほうが予測可能な経営立て直しができる場合。または、事業が順風満帆で利益を短期的に最大化することが目的であれば、そこに集中したほうが、予測可能な経営実績を達成できるという場合などです。

ですので、エフェクチュエーションが企業のなかで実践できなくても、落胆することはありません。

それよりも、むしろ、手段から始める熟達した起業家の5つの原則を利用して、あなたができるところから始めることに意味があるのです。私であれば、会社の組織や役職のワクを、一旦取り除きます。たとえば、社内にアイデアに共感してくれそうな人がいれば、業務時間外で、部活のようにその人たちと活動してもよいかもしれません。また、社内にそういう人がいないのであれば、社外の人と対話してもよいかもしれません。

もし、どちらもできそうにないのであれば、それは、あなたの「許容可能な損失」を超えていると捉えてよいでしょう。今のタイミングでないと考え、アイデアを寝かしてみる、または、リフレーミングなどをして、「許容可能な損失」で行動できるアイデアにするなど、行動の選択肢はいろいろあります。

このように、エフェクチュエーションを軽快に活用することをお勧めします。結果的に、どのタイミングかはそれぞれですが、エフェクチュエーションを続けていれば、誰もが何か新しいものを生み出すことができると確信しています。

おわりに

本書のタイトルにも、『エフェクチュエーション　優れた起業家が実践する5つの原則』とあるように、エフェクチュエーションが熟達した起業家たちから発見された原則だということは、皆さんすでにご承知の通りです。

では、このエフェクチュエーションは、起業家だけのものでしょうか。

そうは思えません。なぜなら、吉田満梨さんと行った関西学院大学、京都大学経営管理大学院の授業でもわかってきたことですが、暮らしや仕事のなかで、多くの人が意図せずに、エフェクチュエーションの「5つの原則」を使っているのを見ることができるからです。

そういった人たちが、改めてエフェクチュエーションへの理解を深めると、より自由に、元気よく新しい行動を起こすことができるようになります。コーゼーションのみに縛られた思考から解放され、自分や他人の行動をエフェクチュエーションとコーゼーションの2つのモデルで、冷静にメタ認知できるようになるからでしょう。

こうした経験から、私がエフェクチュエーションの活用で大きな可能性を感じているのは、子どもと接する機会の多い人です。なぜなら、大人からみると、子どもはわかりやすい目的で行動していない、つまりコーゼーションが通用しにくい存在だからです。具体的には、お子さんをお持ちの方や学校の先生がエフェクチュエーションの視点を手に入れたとき、子どもの行動への見方が大きく変わる可能性があります。

たとえば、4～5歳くらいの幼児後期に入った子どもは、友達からおもちゃを無理やり取り上げることがあります。このとき、すぐに子どもを「ダメでしょ」と叱るのは、親や教師にとっては、おもちゃを取るのをやめさせることを目的としたコーゼーション的アプローチといえます。これは、必ずしも悪いことではありません。なぜなら、問題は手短に解決されるからです。

しかし、もし親や先生がエフェクチュエーションという概念を知っており、活用しようとするなら、子どもの行為を一定の割合で肯定することができると考えます。

たとえば、おもちゃを取られた友達が泣くという経験は、子どもにとって想定外の「レモネード」となり、友達を悲しませたくないという気持ちや、仲直りしたいという欲求といった新たな「手中の鳥」が芽生えるかもしれません。親や教師としては、そういった可能性を「許容可能な損失」の範囲内で俯瞰的に考えることができるはずです。

直接子どもと接する先生だけでなく、小中学校の校長、教頭などの管理職の方、教育委員会の教育長や職員の方にも、ぜひエフェクチュエーションについての理解を深めていただきたいです。なぜなら、公立の小中学校という組織は、明治以来作り上げられてきたコーゼーションの塊に見えるからです。文科省が提示する学習指導要領は、私たちの先人、そして、今の大人が経験してきた社会を想定し、そこで生きるためにデザインされたコーゼーション思考のガイドラインです。

それが悪いことだとは言いません。なぜなら、そのカリキュラムで健全に育ち、社会で貢献している人も多数いるからです。

しかし、そのような組織での教育が合わない子どもが増えている、というのも1つの事実です。現在、一般的な公立の小中学校を年30日以上長期欠席する子どもの数は約29万人で、そのうち不登校によるものは、約20万人となっています（令和2年調査）。

不登校の子どもに対して、多くの場合、まず学校は登校してもらうように促すことになります。コーゼーション的な視点からは、子どもを学校で学ばせることを目的とし、学校に行かせる手段を模索し、そこに現場の先生という資源を投下しているように見えます。

一方で、このシーンをエフェクチュエーションとして見ると、子どもは、行きたくないという意志、つまり彼らなりの「手中の鳥」を使って、「許容可能な損失」の範囲内で、学校に行かないという行動をしているように思えます。

私は、子どもに学校に行くように促し、一般的な授業を受けさせることを否定はしていません。私が問題視しているのは、現場の教師に多大な負担がかかっている現在の公立小中学校において、学校に行っていない子どもの支援をしていくことが、本当に「許容可能な損失」で、できることなのかということです。

すでに、学校の先生は大変だということが社会的に知られるようになっており、教職を希望する人が減っているという危機的な状況です。しかしこれも、若い人たちが「許容可能な損失」を見極めて行動しているように見えます。

私は、エフェクチュエーション的な見方を、学校運営を変えることができる責任と権限を持った教育委員会の教育長や職員、そして、現場の管理職である校長・教頭に持ってもらえることを期待しています。では、エフェクチュエーションの思考をもつと、どんな行動が可能になるのでしょうか。

実は、私は、現在住んでいる印西市でフリースクールを街の仲間と運営しています。そこでの経験からのアイデアは、たとえば、フリースクールを不登校の子どもの選択肢の1つとして捉え、学校の役割を一部放棄してもらうことで、学校の負担をなくし、フリースクールを学びの場として積極的に認めてもらうというものです。

現状、フリースクールでの学習を登校扱いにするかは、各学校長の判断に委ねられています。これを制度として取り入れることは、東京都や千葉県など多くの自治体で検討されていますが、私はそれを待たず、教育委員会の教育長や職員の「手中の鳥」で、「許容可能な損失」で、不登校の子どもの学びを両者で解釈し直すところからやっていくことができると考えます。それが、私のエフェクチュエーション的な提言です。

そのためには、学校の校長や教頭に「許容可能な損失」を正確に見極めてもらい、教育委員会や教育長に、「クレイジーキルト」で、思い切っておねだりをしてもらうことが必要になります。

私は、9章、10章に書いたような経験を通じて、エフェクチュエーションを、起業家やイノベーターのための特別なものとは、考えることができなくなりました。むしろ、人がそもそも生まれたときから持っている意思決定の様式です。それは、赤ちゃんにまでさかのぼるとよく理解できます。赤ちゃんは、人、床、壁など、さまざまなものを舐めます。それは、何か目的を持っているというより、本能に近いものです。その行為は、まさにエフェクチュエーションそのものに思えます。なぜなら、赤ちゃんにとっては、周囲の多くが予測不可能な環境だからです。

それが成長するにつれ、周囲には予測可能なものが増え、コーゼーションを多用していきます。それはよいことなのですが、しばしば私たちは、予測不可能なことにもコーゼーションを使う間違いを犯すようになります。

そして現在、予測不可能なことの割合は、日々高まっているように思えてなりません。しかし、エフェクチュエーションという考えがあることで、社会に起こった違和感のある現象を、違った視点で理解することはできます。

本書を読まれたことで、世界をエフェクチュエーションとコーゼーションの双方で解釈できる人が増え、手持ちの資源から手段を選び実行できる社会を積極的に容認し、人類が未だかつて見たこともない未来が育まれることを心から祈っています。

2023年7月

中村　龍太

引用文献リスト

Andries, P., Debackere, K., & Van Looy, B. (2013). "Simultaneous experimentation as a learning strategy: Business model development under uncertainty." *Strategic entrepreneurship journal,* 7 (4), 288-310.

安藤百福発明記念館編（2013）『転んでもただでは起きるな！―定本・安藤百福』中公文庫 .

Bandler, R. & J. Grinder (1982). *Reframing: Neuro-linguistic programming and the transformation of meaning.* Real People Press; First Edition first Printing.（吉本武史・越川弘吉 訳『リフレーミング：心理的枠組の変換をもたらすもの』星和書店 , 1988 年 .）

Baron, R. A. (2009). "Effectual versus predictive logics in entrepreneurial decision making: Differences between experts and novices: Does experience in starting new ventures change the way entrepreneurs think? Perhaps, but for now,"caution" is essential." *Journal of business venturing,* 24 (4), 310-315.

Chase, W. G., & Simon, H. A. (1973). "Perception in chess." *Cognitive psychology,* 4 (1), 55-81.

Chesbrough, H. (2010). "Business model innovation: opportunities and barriers." *Long range planning,* 43 (2-3), 354-363.

Corner, P. D., & Ho, M. (2010). "How opportunities develop in social entrepreneurship." *Entrepreneurship theory and practice,* 34 (4), 635-659.

Cooper, R. G. (1990). "Stage-gate systems: a new tool for managing new products." *Business horizons,* 33 (3), 44-54.

Dew, N., Read, S., Sarasvathy, S. D., & Wiltbank, R. (2009). "Effectual versus predictive logics in entrepreneurial decision-making: Differences between experts and novices." *Journal of business venturing,* 24 (4), 287-309.

Dew, N., Ramesh, A., Read, S., Sarasvathy, S. D., & Virginia, V. (2018). "Toward deliberate practice in the development of entrepreneurial expertise: The anatomy of the effectual ask." In Ericsson, K. A., et al. (Eds.) (2018). *The Cambridge handbook of expertise and expert performance,* pp.389-412.

Drucker, P. (1990). *Managing the non-profit organization.* New York: HarperCollins.（上田惇生訳『ドラッカー名著集 4 非営利組織の経営』ダイヤモンド社 , 2007 年 .）

Drucker, P. (1985). *Innovation and Entrepreneurship: Practices and Principles.* Harper & Row, New York..（上田惇生訳『イノベーションと企業家精神【エッセンシャ

ル版】』ダイヤモンド社，2015年．）
Dutta, D. K., Gwebu, K. L., & Wang, J. (2015). "Personal innovativeness in technology, related knowledge and experience, and entrepreneurial intentions in emerging technology industries: a process of causation or effectuation?." *International entrepreneurship and management journal,* 11 (3), 529-555.
Ericsson, K.A., Charness, N., Feltovich, P.J., Hoffman, R. (Eds.), (2006). *The Cambridge handbook of expertise and expert performance.* Cambridge University Press, New York.
Ericsson, K. A., Hoffman, R. R., Kozbelt, A., & Williams, A. M. (Eds.). (2018). *The Cambridge handbook of expertise and expert performance.* Cambridge University Press.

Fisher, G. (2012). "Effectuation, causation, and bricolage: a behavioral comparison of emerging theories in entrepreneurship research." *Entrepreneurship theory and practice,* 36 (5), 1019-1051.

Flynn, F. J., & Lake, V. K. (2008). "If you need help, just ask: Underestimating compliance with direct requests for help." *Journal of personality and social psychology,* 95 (1), pp.128-143.
García-Rosell, J. C., Haanpää, M., & Janhunen, J. (2019). "'Dig where you stand': values-based co-creation through improvisation." *Tourism recreation research,* 44 (3), p.348-358.
Galbraith, J. (1973), *Designing complex organizations,* Addison-Wesley, Reading, MA. (梅津祐良訳『横断組織の設計』ダイヤモンド社，1978年).
Gelter, H. (2008). "Snow and ice as a resource for innovative tourist experiences in northern Sweden." In The Vienna symposium on polar tourism 22102008-25102008.
Granovetter, M. S. (1973). "The strength of weak ties." *American journal of sociology,* 3078 (6), 1360-1380.
Grant, H. H. (2018) *Reinforcements: how to get people to help you.* Harvard Business Review Press. (児島修 訳『人に頼む技術：コロンビア大学の嫌な顔されずに人を動かす科学』徳間書店，2019年．)
Isaacson, W. (2012). "The real leadership lessons of Steve Jobs." *Harvard business review,* 90 (4), 92-102.
Knight, F. H. (1921). *Risk, uncertainty and profit.* Boston: Houghton Mifflin. (奥隅榮喜訳『危険・不確実性および利潤』文雅堂書店，1959年).

Kotler, P. & Keller, K. L. (2016) *Marketing management, global Edition.* Pearson Education Limited.

March、J. G. (1982). "The technology of foolishness." In J. G. March & J. P. Olsen (Eds.), *Ambiguity and choice in organizations,* pp.69-81. Bergen, Norway: Universitetsforlaget.

March, J. G., & J. P. Olsen, eds. (1976). *Ambiguity and choice in organizations.* Bergen, Norway: Universitetsforlaget.

Mauer, R., Nieschke, S., & Sarasvathy, S. D. (2021). "Gestation in new technology ventures: causal brakes and effectual pedals." *Journal of small business management,* 1-36.

Milgram, S. (1967). "The small world problem." *Psychology today,* 2 (1), 60-67.; Travers, J., & Milgram, S. (1977). "An experimental study of the small world problem." In *Social networks* (pp. 179-197). Academic Press.

野口均（2016）『カイゼン魂：トヨタを創った男　豊田喜一郎』WAC 文庫 .

大賀典雄（2003）『SONY の旋律：私の履歴書』日本経済新聞社 .

大嶋光昭（2010）『「ひらめき力」の育て方：だれも思いつかない、だからビッグビジネスになる』亜紀書房 .

Read, S., Sarasvathy, S., Dew, N., & Wiltbank, R. (2016). *Effectual entrepreneurship.* Routledge.

Reymen, I. M., Andries, P., Berends, H., Mauer, R., Stephan, U., & Burg, E. (2015). "Understanding dynamics of strategic decision-making in venture creation: a process study of effectuation and causation." *Strategic entrepreneurship journal,* 9 (4), 351-379.

Sarasvathy, S. D. (2001). "Causation and effectuation: Toward a theoretical shift from economic inevitability to entrepreneurial contingency." *Academy of management review,* 26 (2), 243-263.

Sarasvathy, S. D. (2003). "Entrepreneurship as a science of the artificial." *Journal of economic psychology,* 24 (2), 203-220.

Sarasvathy, S. D. (2008). *Effectuation: elements of entrepreneurial expertise.* Northampton: Edward Elgar Publishing.（加護野忠男監訳、高瀬進・吉田満梨訳『エフェクチュエーション：市場創造の実効理論』碩学舎 , 2015 年 .）

Sarasvathy, S. D (2009a). "Cold Opportunity (A): The Nils Bergqvist Story." *Darden business publishing cases,* 1-3.

Sarasvathy, S. D. (2009b). "Cold Opportunity (B): The Icehotel Story." *Darden business publishing cases,* 1-3.

Sarasvathy, S. D. (2009c). "Cold Opportunity (C): The Absolut Icebars Story." *Darden*

business publishing cases, 1-4.
佐藤健太郎（2015）『世界史を変えた薬』講談社 .
Schumpeter, J.（1934）. *The theory of economic development.* Oxford: Oxford University Press.（塩野谷祐一・中山伊知郎・東畑精一 訳『経済発展の理論 < 上 >・< 下 >』岩波書店 , 1977 年 .）
Simon, H. A.（1996）. *The sciences of the artificial.* MIT press.（稲葉元吉・吉原英樹 訳『システムの科学』パーソナルメディア社 , 1999 年 .）
田中耕一（2003）『生涯最高の失敗』朝日新聞社 .
Tushman, M. L., & Nadler, D. A.（1978）. “Information processing as an integrating concept in organizational design.” *Academy of management review,* 3（3）, 613-624.
Vygotsky, L. S.（1978）. *Mind in society: The development of higher mental processes.* Cambridge, MA: Harvard University Press.
Venkataraman, S., Sarasvathy, S. D., Dew, N., & Forster, W. R.（2012）. “Reflections on the 2010 AMR decade award: whither the promise? Moving forward with entrepreneurship as a science of the artificial.” *Academy of management review,* 37（1）, 21-33.
横井軍平・牧野武文（2010）『横井軍平ゲーム館』フィルムアート社 .
吉田浩一郎（2013）『世界の働き方を変えよう』総合法令出版 .
吉田満梨（2012）「生活の木のライフスタイル創造」『マーケティングリフレーミング』, 第 7 章 , 有斐閣 .
吉田満梨（2014）「市場育成を通じた価値創造のマネジメント：株式会社生活の木の事例を中心に」『一橋ビジネスレビュー』, 61（4）, 76-92.
米倉誠一郎（2018）『松下幸之助：きみならできる、必ずできる』ミネルヴァ書房 .
中村龍太（2020）『多様な自分を生きる働き方 COLLABOWORKS』エッセンシャル出版.

［著者］
吉田満梨（よしだ・まり）
神戸大学大学院経営学研究科准教授。神戸大学大学院経営学研究科博士後期課程修了（商学博士）、首都大学東京（現東京都立大学）都市教養学部経営学系助教、立命館大学経営学部准教授を経て、2021年より現職。2023年より、京都大学経営管理大学院「哲学的企業家研究寄附講座」客員准教授を兼任。専門はマーケティング論で、特に新市場の形成プロセスの分析に関心を持つ。主要著書に、『ビジネス三國志』（共著、プレジデント社）、『マーケティング・リフレーミング』（共著、有斐閣）など、共訳書に『エフェクチュエーション：市場創造の実効理論』（碩学舎）など。

中村龍太（なかむら・りゅうた）
1964年広島県生まれ。日本大学生産工学部卒業後、1986年に日本電気入社。1997年マイクロソフトに転職し、いくつもの新規事業の立ち上げに従事。2013年、サイボウズとダンクソフトに同時に転職、複業を開始。さらに、2015年にはNKアグリの提携社員として就農。現在は、コラボワークス代表、サイボウズ執行役員、自営農業のポートフォリオワーカー。2016年「働き方改革に関する総理と現場との意見交換会」で副業の実態を説明した複業のエバンジェリストとして活躍中。著書に、『出世しなくても、幸せに働けます。』（PHP研究所）、『多様な自分を生きる働き方』（エッセンシャル出版社）がある。

エフェクチュエーション 優れた起業家が実践する「5つの原則」

2023年8月29日　第1刷発行
2023年11月6日　第3刷発行

著　者——吉田満梨、中村龍太
発行所——ダイヤモンド社
〒150-8409　東京都渋谷区神宮前6-12-17
https://www.diamond.co.jp/
電話／03･5778･7233（編集）　03･5778･7240（販売）

ブックデザイン—杉山健太郎
装丁・本文イラスト—山内庸資（本文　P30, P188, P192, P195, P199, P205, P208, P243）
校正——小柳商店（加藤義廣）、鷗来堂
本文ＤＴＰ——一企画
製作進行——ダイヤモンド・グラフィック社
印刷・製本——勇進印刷
編集担当——横田大樹

ISBN 978-4-478-11074-4